教育者の条件

人を育てる7つのポイント

大川隆法
Ryuho Okawa

公開 × 対談

大川直樹
Naoki Okawa

THE REQUIREMENTS FOR AN EDUCATOR

まえがき

幸福の科学グループでも、『サクセス№.1』という仏法真理塾から始めて、『幸福の科学学園那須本校』『同・関西校』『Happy Science University』（略称ＨＳＵ）などの教育機関を持っているので、私の仕事の中にも、教育者としての面もある。また、本体としての宗教法人である『幸福の科学』も社会啓蒙《けいもう》機関であることにおいて、人を育てていることは確かである。

本書では、大川直樹《おおかわなおき》氏と「人を育てる7つのポイント」について論じてみた。直樹氏が、謙虚さが受肉《じゅにく》したような人であるので、私の方の脱線《だっせん》論議が多くて、恐縮《きょうしゅく》している。読者も直樹氏の意見をもっと聴きたかったのではないかと思う。

ただ仕事の成功論をベースにして、教育論を組み立てていることが、当会の教育論の特徴であることはよく判《わか》るだろう。「教育」もある種の「幸福術《こうふくじゅつ》」であるべきだと信じている。

二〇一八年　二月二十日

幸福《こうふく》の科学《かがく》グループ創始者兼総裁《そうししゃけんそうさい》　大川隆法《おおかわりゅうほう》

教育者の条件　目次

教育者の条件

——人を育てる7つのポイント——

二〇一七年八月九日　収録
幸福の科学　特別説法堂《せっぽうどう》にて

教育者の条件

――人を育てる7つのポイント――

二〇一七年八月九日　収録

幸福の科学　特別説法堂《せっぽうどう》にて

対談者

大川直樹《おおかわなおき》（幸福の科学常務理事　兼《けん》　宗務《しゅうむ》本部第二秘書局担当）

〔収録時点・幸福の科学上級理事　兼　宗務本部第二秘書局担当〕

1 「終わることのない学習と自己研鑽《けんさん》」が必要な仕事

大川隆法　今日（二〇一七年八月九日）は、「教育者の条件」について考えてみようと思います。

大川直樹　よろしくお願いいたします。

大川隆法　私は、『教育の法』（幸福の科学出版刊）など、教育関係の本も何冊か出してはいるのですが、教育については、ときどき、その時点での考えを述べていってもよいのではないかと思っています。

『教育の法』（幸福の科学出版刊）

幸福の科学には、学校として、「幸福の科学学園」が二校ありますし（幸福の科学学園中学校・高等学校那須《なす》本校および関西校）、「HSU（ハッピー・サイエンス・ユニバーシティ）」という、当会にとって大学に当たるものも持っており、それらのところで教えている人がいます。また、「サクセス№1《ナンバーワン》」という仏法真理塾《ぶっぽうしんりじゅく》も持っていて、そこにも、教えている人がいます。

もちろん、在家《ざいけ》の信者のなかには、学校の先生や塾の先生もいます。

そういう方、すなわち、教育者としてずばり当てはまる方も念頭に置きつつ話をしますが、そういう方だけが教育者なのではありません。われわれ、宗教をやっている者全体が、ある意味では教育者なのではないかと思うのです。

大川直樹　はい。以前、総裁先生より、「優秀《ゆうしゅう》な宗教家は、同時に、優秀な教育者でもなければいけません」と教えていただいております。

幸福の科学グループが展開する教育事業

ＨＳＵ（ハッピー・サイエンス・ユニバーシティ）は、「現代の松《しょう》下《か》村《そん》塾《じゅく》」として2015年４月に開学した「日本発の本格私学」（創立者・大川隆法）。「幸福の探究と新文明の創造」を建学の精神とし、「人間幸福学部」「経営成功学部」「未来産業学部」「未来創造学部」の４学部からなる。千葉県長《ちょう》生《せい》村《むら》と東京都江東区にキャンパスがある。

幸福の科学学園那須本校、関西校は、それぞれ2010年と2013年に開校。

仏法真理塾サクセス№.１は、東京本校（戸越精舎内）をはじめ、全国に本校・拠点・支部校を展開している。

大川隆法　宗教をやっている者は、範囲《はんい》が定まらないぐらい、いろいろな方面について人生学を勉強し、教えなくてはいけない立場にあるので、その仕事は、「終わることのない学習と自己研鑽《けんさん》」が必要な仕事でもあるのではないかと思います。

そういう漠然《ばくぜん》とした考え方のなかから、「教育者の条件」として、いったい、どのようなことをつかみ出せるでしょうか。

今日は、そのようなことをお話しできたらよいとも思っています。

大川直樹　はい。よろしくお願いいたします。

2　忙《いそが》しいなかでの「資格取得の秘訣《ひけつ》」とは

「小・中・高」の教員資格取得と学生部長・サクセスNo.《ナンバーワン》1講師代表の両立

大川隆法　あなたは、教員資格を二つか三つ持っているのではないですか？

大川直樹　はい。「小・中・高」と持ってはいます。

大川隆法　それは社会科？

大川直樹　社会科です。高校の「地歴（地理歴史）」と「公民」と「商業」。中学では「社会」です。あとは小学校教員免許《めんきょ》を持っております。

大川隆法　幸福の科学の学生部で活動し、関西学生部長をしていて、教員免許を取ったんですね？

大川直樹　はい。特に大学四年生のときは、学生部活動のほかに、サクセスNo.1《ナンバーワン》大阪《おおさか》本校の学生講師代表もさせていただいたので、週に三・四日以上は、大学帰りに幸福の科学の活動を行い、その他平日は終日、大学で授業というような状態で、いつも自宅に帰るのは遅《おそ》かったです。

大川隆法　これは、よっぽど勤勉でないと難しい。

大川直樹　（笑）授業数に関しても、「少し多かったかなあ」と。

大川隆法　そうでしょうね。「学生部で活動をすると、資格を取るところまで行かないので」と言って、諦《あきら》める人もいるのですよ。

大川直樹　そうですね。

大川隆法　あなたに関して、「意外と要領がよいのではないか」という説があるんですけどね。関西学生部長であっても、教員の資格をそんなに幾《いく》つも取れましたか。

資格取得の秘訣《ひけつ》①——「どう一日を使っていくか」を計算する

大川直樹　大学四年生のときに関西学生部長をさせていただいたのですが、当時、学生部職員や二人の副学生部長をはじめとする、頼《たよ》れるメンバーもいました。それで、大学四年生になると、教育実習で一カ月ぐらい学校に教えに行かなくてはならないのですが、私の場合、中・高のほかに小も取得したので、二回実習があって。

その期間については、他のメンバーにお任せしたのです。

そのように、人に頼りながらというか、任せつつ活動できたので、人に恵《めぐ》まれた面があったかと思っています。

大川隆法　いやいや、そんなこともないでしょう。やっぱり、上手にやったんでしょう。

あなたの妻の咲也加《さやか》さん（大川家の長女）は、お茶の水女子大学の文教育学部出身で、そこは、教員免許を取る人が多いところではあるのですが、彼女は、在学中、「当会で活動したり、講話をしたり、本を書いたりしていると時間がなくなるから、教職課程を取るのは、ちょっときついかな」と言うので、それをあっさりと認めてやったことを覚えています。

大川直樹　そうですね。確かに、教職課程を取るには、時間はかかるので、私の周りでも、途中《とちゅう》で諦める方も何人かいらっしゃいました。

大川隆法　次男の真輝《まさき》も、早稲田《わせだ》大学の文学部系の、文化構想学部にいたので、教員資格を取ろうと思えば取れただろうと思います。ただ、単位は早々《はやばや》と取ったものの、当会の仕事のほうも少しやっていたこともあって、そういう資格を取ろうとはしていませんでした。

あなたの場合には、わりあい勤勉に、並行《へいこう》してやれたところはあるのでしょうか。

大川直樹　そうですね。咲也加さんや真輝さんは、ほかにやるべき大切なことがあったのだと思うのですが、私は教職課程の優先順位が高かったので、そのためには「どう一日を使っていくか」というようなことについては、けっこう計算しなくてはなりませんでした。

大川隆法　そうでしょう。

大川直樹　そうしないと、単位を取りこぼしてしまい、資格を取れなくなってしまうところがあります。

そこで、授業の組み方や学生部活動の時間など、どのようにすれば、効率よく一日を生かし切ることができるかについては、学生なりに苦心していたように思います。

資格取得の秘訣《ひけつ》②――隙間《すきま》時間の使い方、予定を先取りした計画

大川隆法　あなたは自宅から大学に通っていたんですか?

大川直樹　はい。自宅から四年間通学させていただきました。

大川隆法　神戸《こうべ》から？

大川直樹　兵庫《ひょうご》県から京都府まで通っていました。

大川隆法　京都の同志社《どうししゃ》大学までは二時間？

大川直樹　はい。電車を乗り継《つ》いで片道二時間ぐらいです。

大川隆法　それは、けっこうきついですね。いやあ、それだと、普通《ふつう》なら、関西学生部長の活動が落ちこぼれるか、大学を卒業できないか、どちらかですね。卒業できなくなることが東京では多発していますから。このどちらかになることがよくあるので、「両方をこなした」というのは、やっぱり大したものですね。

大川直樹　いえいえ。

大川隆法　何か秘訣《ひけつ》があるのでしょうね。

大川直樹　総裁先生の教えで言うと、やはり、「隙間《すきま》時間の使い方」を工夫《くふう》していたように思います。あとは、先ほどお話ししたことと重なるのですが、「自分の夢や志《こころざし》を踏《ふ》まえ、やるべき優先順位やそれに伴《ともな》う計画をあらかじめ立てておくこと」だと思います。計画を立てた上で、学生部に行ける時間帯等を当てはめていきました。

私の場合は、丸一日大学にいるときには、大学のことに集中して、次の日は学生部に使うなど、「一週間や一カ月をどう使っていくか」ということを考えていました。また、教職課程を優先するため、興味のあった講義を諦めたこともありました。

教員免許《めんきょ》の取得と「簿記《ぼき》2級」取得の両立

大川隆法　あなたは、簿記《ぼき》についても2級ぐらいの資格なんですよね？

大川直樹　2級までは、取得しています。

大川隆法　大したものですね。簿記の2級は、私には取れません（笑）。

大川直樹　いやいや（笑）。2級なので、そこまで難しいものではないのですが。

大川隆法　私は在家《ざいけ》時代、商社の財務本部にいたのですが、とりあえず簿記の3級を取れば許していただけるので、3級は取りました。しかし、2級や1級を取ることについては、「とんでもない」と思っていました。

「三十六計逃《に》げるに如《し》かず」で、そんなものの取得は考えもしなかったのです。
あれは、そうとう緻密《ちみつ》でないと合格できないでしょう？

大川直樹　おっしゃるとおり、求められるものは、数字の正確さなどです。私の周りでは、資格を持っている人が大学全般《ぜんぱん》の成績がよいかといわれれば、そうではなかったように記憶《きおく》しておりますが、確かに緻密さが求められる試験であったとは思います。

大川隆法　私は法学部にいたので、簿記を学んではおらず、社会人になって初めてそれを学びました。所属部署がお金に関係するところだったからです。財務と経理のところでは、簿記ぐらいは、いちおう勉強させられるのです。
簿記には借方《かりかた》と貸方《かしかた》があって、その表をつくれなかったら〝アウト〟なのです。

大川直樹　はい（笑）。

大川隆法　借方と貸方が合う計算の練習をやらされましたが、「これは商業学校出身者には敵《かな》わない」という感じだったのです。いやあ、私が受けたなかでは〝最難関〟の試験でしたね。

大川直樹　そんなご謙遜《けんそん》を（笑）。

商社時代に受けた簿記《ぼき》の資格試験

大川隆法　簿記《ぼき》3級といったら、社会人として、お金に関係する職業に就《つ》く場合、最低レベルの資格なのですが、私は、本当に情けないことに、これに三回目の受験で受かったのです。

商社には、だいたい、ろくに勉強していない遊び人がたくさん来ているのですが、みな要領はよくて、だいたい一回目か二回目で通っていました。

七十点以上を取ると合格で、3級レベルなのですが、同期のなかで最後まで残ったのは、本当に、二、三人でした。エリートとして会社が選んだ財務員二人が最後まで残ったので、（上司の）カミナリが落ち、ひどく怒《おこ》られたのを覚えています。身が引き締《し》まる思いをしました。

「おまえ、なめとんのか！　同期のトップを採《と》ったつもりでいたのに、『同期のビリが集まった』というのでは、話が全然違《ちが》うんだ！」と言われて……。

大川直樹　そのようなことが、あったのですね。

大川隆法　その商社の財務本部は人材の供給源で、財務に残る人だけではなく、財務本部から出ていく人もエリートなのです。財務本部の人たちの半分はそこに残れないのですが、財務本部から出て、営業部門など、受け渡《わた》し部門等に行った人たちであっても、きちんとお金の計算ができ、決算が見え、そのへんのことが感覚的によく分かるのです。

商売においては、いちおう、黒字に持っていく考え方ができなくてはいけないので、財務出身者はすごく重宝《ちょうほう》がられ、〝引く手あまた〟なのです。財務は、そういう人材の供給源だったわけです。

ところが、「こんな恥《はじ》をかかされた」ということで、最初の年の五月ぐらいだったでしょうか、私たち財務の新入社員二人が部長に呼び出され、並ばされて、ガンガン怒られたので、ひどく小さくなったことを覚えています。

何せ、私は入社後、生まれて初めて電卓《でんたく》というものを使って計算し、カシオの電卓を叩《たた》いたのです。簿記は、習っていないと、やっぱり、そんなに簡単にできるものではないですよね。

大川直樹　（笑）そうですね。用語やルールなど一から覚えなければなりませんので。

大川隆法　あれには、多少、計数感覚のような才能が要《い》るのではないでしょうか。

大川直樹　そうですね。あくまで私が知っているのは、実用レベルではなく、簿記検定試験の範囲《はんい》においてですが、全体を見て、「どういう数字を当てはめなくてはいけないか」というようなことを俯瞰《ふかん》できるかたちでないと、答えにサッと辿《たど》り着かず、いちいち、一つひとつ計算していかなくてはなりません。「あっ、ここが、今回、問題として問われていたのだ」と気づくスピードのようなものがあって、確かに、要領よく解答に辿り着ける人もいました。本人の努力もあると思いますが、センスや才能の部分もあったかもしれません。

大学入学後に必要な「簿記《ぼき》」の勉強を高校時代から始める

大川隆法　あなたがいたのは商学部でしたか。

大川直樹　商学部です。

大川隆法　簿記《ぼき》は必修だったのですか。

大川直樹　はい。そうです。

大川隆法　でも、練習そのものは、大学入学より前にやっていた?

大川直樹　練習は高校生のときに少し。

大川隆法　もう、やっていましたか。

大川直樹　「商学部に行く」と決まったときに、「その勉強をしておこうか」と。大学一年生と二年生のときには、専門学校の大原《おおはら》簿記にも……。

大川隆法　通っていた？

大川直樹　はい。

大川隆法　偉《えら》い！　学生部長が、そういうところにまで行くんですね。大原簿記は、私も看板を見たことがあります。

大川直樹　商学部の人には、公認会計士などの資格を取るために、専門学校に通う人が多かったです。実は、私も、そのようなもう少し上の資格を取得したいと思って、専門学校に通わせていただいていたのですが、教員免許《めんきょ》のための勉強や学生部活動など、ほかにしなければならないことが多くなってしまったので、私としての優先順位を考えて、断念しました。資格を取れなかったということは、授業料など投資したお金を無駄《むだ》にしてしまった面があるので、自分の使える時間の見極《みきわ》めが甘《あま》かったことと出資してくれた両親への申し訳ない気持ちで、その決断をするに当たって、何とも言えない悔恨《かいこん》の情に駆《か》られたように思います。ただ、時間の使い方を慎重《しんちょう》に、真剣《しんけん》に考えるきっかけを与《あた》えてくれた経験ともなりました。

商社での新人時代の「乱暴な教えられ方」

大川隆法　よく、私が仕事で苦労した話をしていますが、きちんとした表をつくるには計算の間違いは許されません。数字を扱《あつか》うセクションでは、計算を間違ってはいけないのです。

ところが、大学時代に「法律」や「判例」の暗記、「政治学」の勉強等をしていたら、計算をする機会が全然なかったわけです。

商社マン当時は、電卓だけではなく、もう一つ、キーを叩くと紙が長く何メートルも出てくる機械もありました。決算のころに、そのキーを叩いて夜中まで仕事をしていたら、紙が十メートルぐらい出ていたこともあります。

「月次決算《げつじ》」、半年や一年の「決算」などのときには、先輩《せんぱい》の一人と遅くまで会社に残って仕事をしたのですが、どちらかが間違うと数字が合わなくて帰れないのです。

そういうことが延々と続き、もう、〝天を恨《うら》む〟というか、「これは勤め先を間違えたかなあ」と、本当に、つくづく思いました。

早稲田の商学部を出た人が同期で別の部署にいたのですが、専攻《せんこう》は財務諸表論だったので、財務がその人の専門なんですね。彼は、「なぜ俺《おれ》が財務部門に入らなくて、おまえのような素人《しろうと》が入ったんだ」と言っていましたが、いやあ、まことにおっしゃるとおりで……。

大川直樹　いえいえ。

大川隆法　私のほうは、まったくやったことがないので困ったのですが、「上司たちもやっているし、そのうち、できるようになるよ」という感じの言い方をされました。

そして、「何？　電卓ができない？　じゃあ、そろばんをやったらいいじゃないか」と言われ、そろばんをバーンと渡《わた》されたのです。

大川直樹　（笑）

大川隆法　そろばんができるぐらいだったら、パパッと暗算でやってしまいますよね。そろばんをやったら、もっと大変なことになるので……。

大川直樹　そうですね（笑）。

大川隆法　小学校時代に、そろばん学校が近所にあり、授業の声が聞こえましたが、「もう、そろばんの時代ではあるまい」と思って、行きはしなかったのです。「いやあ、〝原始的〟な道具であるそろばんを今、投げてくるのか」と思いました。

数字に関して「細《こま》かい詰《つ》め」をする難しさ

大川隆法　あなたは、ボーッとしているようで、意外に「細《こま》かい詰《つ》め」がけっこうできるんですね。

大川直樹　（苦笑）数字に関しては勉強したことが効いているかもしれません。

大川隆法　あれは、できる人にとっては、スッとできるので、できない人が見たら、スーパーマンのように見えるのではないでしょうか。

大川直樹　そうですね。

大川隆法　シュシュシュッと数字が合う人を見たら、恐《おそ》ろしいです。

大川直樹　ただ、私も、周りの人を「スーパーマンだなあ」と思ったことがありました。

大川隆法　やっぱりそうですか。

私は、そのへんについて、よくは知らなかったのですが、大川家の子供たちが、学部を選択《せんたく》するときに、「商学部に行くと計算があるので、数学が苦手《にがて》だったら行かないほうがよい」と言っているのを聞いて、「そんなものなのかなあ」と思ってはいたのです。

大川直樹　私の大学には、経営学部がなかったこともあり、商業学（流通論やマーケティング論など）のほかに、経営学系のなかにもあまり計算の要らない講義もありましたので、数学が必要な講義は、一部という印象でした。

大川隆法　財務系の科目もありましたか。

大川直樹　財務系は……。金融《きんゆう》論や証券論など多少関係してくる講義もありましたが、主には会計学系になっていました。

大川隆法　ああ、やっぱり、そういうものはある？

大川直樹　ございました。

大川隆法　経理などにも行けるようになっていますね。

大川直樹　はい。ただ、資格だけなので。やはり、総裁先生は実践《じっせん》されたので……。

大川隆法　いやいや（笑）、簿記3級の試験に二回落ちたので。いやあ、真《ま》っ青《さお》になりましたよ、本当に。配属先が営業などだったら、別に構わないのでしょうが。

大川直樹　独力で勉強されたのですか。

大川隆法　簿記を勉強するのは生まれて初めてでしたからね。でも、仕事が忙《いそが》しいから、勉強する暇《ひま》がないんですね。

だから、私自身ができないのは分かったのですが、なぜほかの人がすぐに受かるのかが分からなくて。みな商学部出身だったら分かりますが、学部はバラバラなんですよね。

当時はだいたい指定校制で、商社では、文学部系は少ないものの、有名大学の法学部や経済学部、商学部、国際関係の学部や学科など、いろいろな学部から採っていました。

ですから、別に、誰《だれ》もが在学中に簿記を勉強したわけではありませんし、夜、なかなか寮《りょう》に帰ってこない人たちなのに、早く合格できていたので、あれはまことに不思議でした。

大川直樹　そうだったのですね。

大川隆法　ほかの科目もそうなのですが、まことに不思議でしたね。

商社時代に「カシオ計算機」の拡大を手伝った体験

大川隆法　「カシオ計算機」という会社がありますが、ちょうど、その会社が北米に工場を建て、拡大しているときだったので、私は商社時代にカシオを手伝いました。その後、アメリカのニューヨーク本社に行ったときにも、カシオの輸出や輸入、国内取引などを手伝ったのです。実際には、財務本部のほうから資金を入れたりしました。

カシオは樫尾《かしお》四兄弟が始めたのですが、お金がないし、担保《たんぽ》もないので、銀行がお金を貸してくれないわけです。

そういう会社であっても、「成長性がある」と思ったところには、「商社金融」といって、商社がお金を貸すことがあります。商社は銀行からたくさんお金を借りているのですが、余分《よぶん》に借りているところがあるので、余っている部分を、自分の会社が「育てよう」と思っている企業《きぎょう》に貸し出したりします。そこを大きくさせたら、取引がだんだん大きくなるでしょう？

大川直樹　はい。

大川隆法　単に商売で物の行き来を仲介《ちゅうかい》しているだけでは大きな利益にはならないので、取引先の会社を大きくし、全体の取引額を大きくしていくのです。輸出や輸入、三国間貿易などを起こし、商売を育てるところまで、実際にはやるんですよ。カシオに関して、私は実際に、計算機その他のものの貿易をアメリカで手伝っていました。

本当に頭を掻《か》き掻きではあったのですが、向こうは知らないから、構わないんですけどね。「おたくの計算機、全然計算が合わないんだけど」と言っても、計算機のせいではありませんからね。

大川直樹　（笑）

3　「教育される側」から「教育する側」に変身した体験談

先輩《せんぱい》たちからあまり面倒《めんどう》を見てもらえなかった新入社員のころ

大川直樹　時期が違《ちが》うかもしれないのですが、総裁先生は、商社時代、「上の人は仕事を教えてくれなかったけれども、自分は後輩《こうはい》や部下に教えようと思って、マニュアルをつくった」というふうにお聞きしております。

大川隆法　いやあ、生意気《なまいき》だったので。たぶん、生意気だったと思います。上司だったら、こういう部下は欲《ほ》しくないでしょうね。自分でもそう思いますから。

大川直樹　（笑）

●商社時代……　大川総裁は商社時代、入社２年目に入る４月に、自社での仕事に使える外国為替《かわせ》についてのマニュアル本を自主的につくったというエピソードがある。『嫁の心得　山内一豊《やまのうちかずとよ》の妻に学ぶ』『不況に打ち克つ仕事法』（共に幸福の科学出版刊）等参照。

大川隆法　生意気で、最初から、もう全部できるような顔をして入ってくるので、「そんなに大口を叩《たた》くなら、勝手にやれ」と言いたくなるだろうと思います。

もともと、それほど親切な人ばかりではありませんでした。みな、けっこう、独走的なというか、本当に一人で走るような人がわりに多くて、親切に「面倒《めんどう》を見てやろうか」と言う人は少なかったのです。

女性にもベテランはいるので、気が合えば、きちんと教えてくれる人もいたのでしょうが、そのあたりからもかなり見放されて、「こいつは駄目《だめ》だ」と思われていました。

大川直樹　（笑）

要するに、私は「必要なことの十倍しゃべる」という感じだったらしいのです。

大川隆法　そのため、「とにかく、新入社員は黙《だま》っとれ」というように思われていました。

先輩たちからは、「黙って、『周りは何をしているか』ということをよく見て、先輩たちが忙《いそが》しくなく、手が空《あ》いているときに、こっそりと、『あの、すみませんが、これを教えてください』と訊《き》きに行くのが筋《すじ》だろうが。おまえは、余計なことを言って、ほかの人の仕事を邪魔《じゃま》するし、ほかの人が忙しいときにドドッと来て、『これ、どうしたらいいんですか』と訊いたりする」と見られていたのです。

私が何かを訊きに行くと、「これ、先週も言ったじゃないか」という感じのことを言われ、「あれ？　そうでしたか。訊いたかなあ」「分かっていなかったのかなあ」と思ったりしていました。

ずっと上のほうにいて、直接には私と関係のない人たちは、「君、期待しているよ」などということを、たくさん言ってくれるので、その気になり、胸を張って仕事をしていると、余計、「このバカが！」と怒《おこ》られてしまい、本当に、けっこう小さくなっていました。

大川直樹　そんなご経験が……。

大川隆法　大学の法学部では、外国為替《かわせ》が絡《から》んだ貿易実務については、まったく授業を受けていません。

参考書はありますが、本を読んだだけでは、分かるようにはならないんですね。授業だったら、いろいろなケースなどを丁寧《ていねい》に説明してくれるのかもしれませんが、本を読んだだけでは、よく分からないところもあるわけです。

ただ、私は、「周りが教えてくれない」と思っていたのですが、周りに言わせれば、たぶん、私の態度が〝でかかった〟のでしょう。一つの道を極《きわ》めたら、ほかのところは全部分かるような顔をして、座《すわ》っていたのだろうと思うのです。

いやあ、そのへんは勉強になりました。

「全体の枠組《わくぐ》み」が見えないと、「理解した」と感じないタイプだった

大川隆法　でも、周りの人たちは、私に関して、「もの覚えが悪く、仕事が全然できないと思っていたのに、いつの間にか、できるようになってきた」ということに驚《おどろ》き、そういう逆転が起きたことを不思議に感じたようです。

私の場合、すぐに「ツーカー」で分かるような分かり方はしないのですが、少しずつ、ぼんやりと分かってきます。浮《う》き上がってくるように全体が見えてくるんですよ。全体の構造が見えてくると、ズバッと入ってくるような頭だったんです。

つまり、私は、「全体の枠組《わくぐ》み」「体系」が見えないと、「理解した」という感じがしないタイプなんです。

そうではない人もいるんですよね。「部分的に、ここだけはできる」という人は、けっこういるんですよ。

器用なタイプで、そういう人がいるのですが、私は、「ああ、こういうことなん

だ」と全部が分からないと駄目で、「分かってきたら、いっぺんに全部が見えるようなタイプ」だったんですね。

だから、一年ぐらいたつと、逆に、仕事に関するテキストが書けるようになりました。

いろいろな人が、私についてワアワア言ったり、失敗を怒っていたりしましたが、自分で勉強したものと経験とを併《あわ》せて、たくさん詰《つ》め込《こ》んでいると、それらが、だんだん体系化されていきました。

機械に魚をたくさん放り込んでいたら、かまぼこになって出てくるような感じですかね。

大川直樹　総裁先生の手にかかると、いろいろな仕事が整理されて……（笑）。

テキストを書いて配ったら、周りの評価が逆転した

大川隆法　いろいろな経験と勉強したものを入れたら、だんだんだんだん頭のなかで体系化されてきて、一年ぐらいすると、テキストのようなものを書けるようになったのです。

外国為替の実務には非常にいろいろなケースがあるので、それをテキスト化するのは、実は簡単なことではないんですよ。

それの参考書はあるのですが、大学の先生が書いたものなどは駄目なんです。実は、その人は、ほかの本や資料などは多少読んでいても、実際に実務をやってはいないからです。

大川直樹　そうですね。

大川隆法　また、実際に実務をやっている人が理論的なことをまとめるのも非常に難しいのですが、私は、入社して一年ぐらいで、新入社員が使えるようなテキストを書いたのです。ケースを全部挙げて「体系化」したので、百ページは超《こ》えていたと思うんですよ。周りの人たちは、それには驚いたようでした。

私がそのテキストをつくったのは、十年以上ぐらい先輩で、慶應《けいおう》の経済学部を出た人のアドバイスからでした。大きくてドーンとした人で、私はその人とは相性《あいしょう》がよかったのです。

その人は、私に、「君ねえ、誤解されているから、何かPRをしないといかんと思うよ。まず、何か実績を見せたほうがいいから、何かをつくって提出するんだ。そのあとは何か企画《きかく》の提案等をするんだ。そういうことをやっておかないといけない。誤解されている可能性があるから、これをやったほうがいい」と言ってくれました。

「ああ、そうですか」ということで、私は、例のテキストを土日でつくり、十部ぐらいを各所に配ったら、驚かれました。それまで頭ごなしに怒っていた課長も驚いていました。

大川直樹 （笑）

大川隆法 その課長は、よその部署から来て課長になっているので、実は、その課の実務をやっていませんでした。部下を怒ったりはしていても、本当の実務をやっていない人だったので、そのテキストを見て、「ああ、このようにやっているのか」ということが分かったわけです。

その課長にも、「あれ？ もしかしたら、彼は仕事ができるのかな」と思わせたのは、そんなことでしょうか。

大川直樹 そのようなことが……。

大川隆法　それでも、まだ誤解している人は多かったと思います。

また、逆もあって、私のことを「予想以上にできる」と思っている人もいました。「たくさんチョンボをしているけれども、ご愛嬌《あいきょう》でそうしているのだろう。本当はできるのに、できないように見せているのではないか」と思っている方もいたのです。本当はできないのですが……。

大川直樹　いえいえ。

大川隆法　そう思った方もいて、冷《ひ》や汗《あせ》タラタラでした。

「呑《の》み込《こ》むのは早い」が「深くはならない」タイプもいる

大川隆法　いずれにしても、「教えられる側」から「教える側」になるのは、けっこう難しいことです。

大川直樹　そうですね。

大川隆法　自分が勉強することで精いっぱいだと、人を教えるのは、それほどうまくはならないものです。しかし、「いろいろ努力して苦労した人のほうが、教えるのはうまい」という説も、あることはあります。

逆に、私はとても呑《の》み込《こ》みが悪かったのに、後輩等にテキストをつくって教えてやると、「こちらは、一年かかって、やっとマスターしたのに、この人は一カ月もしないうちにスッと呑み込んでいる」と思うような人もいて、「どうなっているの、これ？」と思ったことがあります。

大川直樹　（笑）

大川隆法　ただ、「呑み込みが早いなあ」と思ったものの、「あまり深くならない」という面もありました。あっさりとマスターするのですが、深くはならないのです。それで、「こういうことには、人によって違いがあるのだな」と思いました。

大川直樹　はい。

大川隆法　伝票の切り方が、今、どのようになっているのか知りませんが、昔だと、コンピュータにデータをインプットするには伝票を書かないと駄目でした。伝票には、「ここに、こう書く」というサンプルがあり、私は、よくサンプルを見ながら伝票を書いていたのですが、書いているうちに頭がボケてき始めると、間違えてサンプルの数字をそのまま写してしまうことが、たまにありました。

大川直樹　（笑）

大川隆法　そのため、ベテランの上司にあとで怒られ、「やり直しです」と言われて、バーンと伝票が戻《もど》ってくるわけです。本当にひどく恥《はじ》をかいたことを覚えています。

禅宗《ぜんしゅう》でよく言われる「冷暖自知《れいだんじち》」の教育方針

大川隆法　やはり、「何事であれ、物事においては基本が大事なのだ」ということですが、それは教えられるものではないのかもしれません。
禅宗《ぜんしゅう》では、「冷暖自知《れいだんじち》」、つまり、「冷たいか暖かいかは、自分で知らないかぎり分からない」という言い方があります。禅寺では本当は教えてくれないのでしょう。

大川直樹　そうですね。「自分で学べ」というか……。

大川隆法　「勝手に見て、やれ」という感じで、親切には教えてくれません。また、将棋《しょうぎ》の先生のところに入門しても、おそらく、そんなに教えてくれないのでしょうね。

大川直樹　そうだと思います。

大川隆法　「見て盗《ぬす》め」と、だいたい言うのでしょう。

大川直樹　教えて、弟子《でし》に勝たれると、バツが悪くなってくるというか……。

大川隆法　教えている時間が、自分にとっては……。

大川直樹 「もったいない」というところもあります。

大川隆法 もったいないですよね。弟子が自分の参考になるレベルまで来ていれば、相手をしているうちに、こちらも勉強になるかもしれないけれども、その前の段階では、やはり時間を取られて、けっこう嫌《いや》ですよね。

大川直樹 そうですね。

大川隆法 この前、映画「3月のライオン」(二〇一七年公開/東宝、アスミック・エース)で将棋の六段を演じていた彼、神木《かみき》……。

大川直樹 神木隆之介《りゅうのすけ》さん。

大川隆法　神木君が演《や》っていた主人公の小学生時代に、先生の息子《むすこ》や娘《むすめ》と対局をし、それらを負かすようになってから、その先生は、「プロとして残すのは、外から取ったこの弟子だ。自分の子供には才能がない」という、けっこう厳しい判定をしていました。

大川直樹　厳しいですね。

大川隆法　まあ、そういうことは、どこにでもあるのかもしれません。「ある程度、選《よ》り分けて、『素質がある』と思ったら教えるけれども、入った者全員に最初から詳《くわ》しく教えると、無駄になる」というような面があって。

大川直樹　時間がかかりますね。

大川隆法　ある程度、篩《ふるい》にかけるまでの間、教えないわけです。永平寺《えいへいじ》では、「修行《しゅぎょう》で来た人は、四カ月以内に、ほとんどが帰ってしまう」とも言われています。

大川直樹　はい。

大川隆法　本当に、残ってやる資格があるような人だけを選び出して教えるのなら、よいのですが、その前のところであまり教えても、無駄になります。

基本的には、箒《ほうき》の使い方からトイレやお風呂《ふろ》の掃除《そうじ》の仕方ばかりを教えていますが、最初からあまり丁寧《ていねい》に教えても、相手がすぐにいなくなるのだったら、「自分で学べ」というようなところはあるのでしょう。

このへんに関しては、宗教も、けっこう厳しいことは厳しいのです。

大川直樹　そうですね。

大川隆法　ただ、厳しいけれども、〝ザルではない〟んですよね。評価は厳しいけれども、手取り足取り教えてはくれないところがあります。ある程度、素質が一定以上まで上がり、教えがいがあれば言ってくれることはありますが、その前は放っておかれ、みな、アリのように歩いている感じになっています。そのうちに、だんだん選び分けられるようなところがあるのですが、これはしかたがありません。

教えを受けるほうから見れば、「もっと親切にやってくれればよいのに」と思うけれども、難しいわけです。

中三のとき、先生に代わって同級生たちに補習授業をした体験

大川隆法　学校の場合、四十人クラスだと、子供たちの学力が上から下まであるの

で、これもまた教えるのは難しいのです。真ん中に合わせると、上と下に合わなくなります。

昔のように、学力が上のほうの子が、学校で管理職的に先生の片腕《かたうで》をしてくれるのだったら、「学級崩壊《ほうかい》」も起きにくいのでしょうが、今では、学力が上の子は塾《じゅく》で先のことを勉強していて、学校の先生の言うことをききません。

私は子供のころには田舎《いなか》にいたので、勉強ができたら〝管理職〟になるほうであり、先生に頼《たよ》りにされるほうでした。

中三のころだったかと思うのですが、このようなことがありました。

夏休みに補習授業があったのですが、「生徒たちの態度があまりよくない。こんなにやる気のない学年を教える気にはならない」と言って、先生がたが一斉《いっせい》に〝ストライキ〟を起こしてしまったんです。

大川直樹　先生がストライキですか（笑）。

大川隆法　補習の期間があったのですが、一回、先生が、「いや、もう休む。やらない」と言ったのです。

そのため、翌日はもう休校になっていたのですが、そのときに、私は生徒会長をしていたこともあって、生徒たちに「学校に出てきてくれ」と声をかけました。

大川直樹　そのようなことが……。

大川隆法　私が「出てきてくれ」と言ったら、みな出てきてくれたので、先生の代わりに私が授業をしたんですよ。

大川直樹　授業をされた？　（笑）それはすごいですね。

大川隆法　教える相手は中学三年生で、私の同級生なのですが、学力においては私がずば抜《ぬ》けていたので、みな、けっこうおとなしく聴《き》いてくれたのです。

大川直樹　うーん。

大川隆法　二番の人とは、いつも、五百点満点で五十点以上差が開いていましたし、教えている科目とは違う科目の試験を先生が受けてみたら、私とだいたい同点ぐらいだったりするようなことも多かったのです。

大川直樹　はあ。

大川隆法　当時は、今のように電話が発達していませんし、それほど情報が行き来するような時代ではなかったのですが、私が生徒たちを集めて補習の授業を一日行《おこな》って、家に帰ったら、その情報が伝わったらしく、翌日から先生がみな出てきて、また教えてくれるようになったのです。

不思議な現象なのですが、そういうことをした覚えがあります。

「先生のストライキ」を生徒の側が破るという珍《めずら》しい体験

大川直樹　ただ、そのお話を伺《うかが》っていると、総裁先生は昔から教育者の素質というか、周りの人たちを導いていく力や責任感をお持ちだなと感じます。

大川隆法　まあ、今から考えれば難しいことだったとは思います。学校の先生が全員休んだので、先生の代わりに、授業で学ぶ予定だった範囲《はんい》を全教科、同級生に教えたわけですが、彼らは誰《だれ》も怒りもしないで、何も文句《もんく》を言うこともなく、ちゃんと聴いて帰っていきました。なぜそういうことをしたのか、自分でもよく分からないんですけれども。

その日のことはすぐに伝わったようで、翌日には先生がたのストライキも解除されて、学校に出てきたので、効果があったのでしょう。「学生のストライキ」というのはよくある話ですが、「先生のストライキ」を生徒のほうが破ってしまったわけですね。

大川直樹　（笑）いや、なかなかないと思います。

大川隆法　「先生がいなかったら、私が代わりに教えますから」ということで授業をしたところ、同級生のみんなは「よく分かる」と言うので、「ああ、そうなのか」と思いました（笑）。

そういうことであれば、先生としてはじっとしていられませんよね。学校に出てこないといられないので、出てきたようです。

今であれば、メール等ですぐに連絡《れんらく》が行ったりするようなことでしょうけれども、当時は家に帰って親に直接言ったりでもしないと、分からなかった時代です。そういう状況《じょうきょう》で、私が「明日《あした》、みんな学校に来てくれ」と言ったら、本当に同級生が来てくれて、最後まで授業を聴いてから家に帰りました。そして、連絡も何もしていないのに、翌日、先生がたはみな出てきたのです。

今から五十年近い昔になりますが、あの時代に、よくそのようなことが成り立ったものだなと、少し不思議に思います。

大川直樹　ただ、もし学校の先生の立場で、総裁先生のような生徒がいてくれたら、本当にありがたい面はあるのではないかなと思います。

大川隆法　うん、うん。

大川直樹　生徒という立場であっても、先生の代わりに同級生に勉強を教えられる人、そして、周りからの信頼《しんらい》が厚い生徒というのは教える才能を持っているのかもしれません。

また、もし、そのような生徒を生み出すことのできる先生やご家族の方は、素晴《すば》らしい教育者の一人と言えるかもしれません。先ほどの総裁先生の場合は自主的なものでしたが、そういった、人に関心を持ち、人を生かし育《はぐく》んでいこうと思える部分は、教育者にとって大事な要素である気がします。

大川隆法　成績がよいと、中学あたりから超《ちょう》進学校などに行く人もけっこう多いでしょうし、あなたも同志社《どうししゃ》の中学・高校・大学という、関西で選び抜かれたエリートとして上がっていった方ですよね。

大川直樹　いえいえ（笑）。

大川隆法　そういう人たちはある程度同質のところがあるので、私が経験したようなことはあまり成り立たないし、開成《かいせい》や灘《なだ》校などで同級生が教えるなどというのは、ちょっと無理なレベルかとは思います。まあ、田舎だったこともあり、上から下までの学力差がけっこうあったりして、たまたま成立したものだったかもしれません。

ただ、これは一つのエピソードにしかすぎませんが、何かほかの面と同様に、「自信」になったところはありますね。

4　同質のエリート集団を教える場合に配慮《はいりょ》すべきこと

校内新聞の編集長を務めていた大川総裁に対する顧問《こもん》の言葉

大川隆法　それから、中学二年生のころに、私は校内新聞の編集長をしていました。三年生を担当していた国語の先生が顧問《こもん》だったのですが、チョロッと様子を見に来ては、「掃《は》き溜《だ》めに鶴《つる》だなあ」という感じの一言《ひとこと》を言って帰るのです。田舎《いなか》の子たちは、「『掃き溜めに鶴』って何だろうね」と言って、分からないでいたのですけれども、まあ、そういうことを言ってくださる方もいました。

実際に、歴代のメンバーがどういう感じだったかは分からないのですが、先生としては、今までと違《ちが》う感じを受けたところがあったのでしょうかね。

当時、誰《だれ》かの担当記事に穴が開《あ》いたりしたら、女の子の名前で私が代わりに記事を書くぐらいのことは、平気でやっていました（笑）。

大川直樹　そのようなことを、なされていたんですね（笑）。

大川隆法　いろいろと書き分けたりもしていたので、先生も、何となく違いのようなものは分かってくれていたのかもしれません。

とはいえ、ずば抜《ぬ》けてできたというほどではなく、昔のレベルがかなり低かったのもあるでしょう。農作業を手伝わされたり商売を手伝わされたりして、家では勉強をしていないような子が多かった時代ではありましたけどね。

いずれにしても、ありがたい経験を積ませていただきました。

そういう意味では、必ずしも、エリート校に行くのがいいとは限らないところもあります。公立に行く人も多いと思いますけれども、まあ、それが日本の平均ですからね。上から下までいろいろな層がけっこういるので、「日本人の平均はどのようなものか」ということを知る意味では、よかったのかなと思います。

同質の人々の集団のなかにいると出てくる問題

大川隆法　また、どこかで同質集団に入ってしまうと、今度はだんだん苦しくなってくるのです。

高校に入学すると、やはり、よくできる同級生も増えてきたので、私も中学校時代のような完全独走態勢という感じではなくなりました。

それで、心が少し狭《せま》くなったというか、競争心のようなものが多少出てきたような気がします。性格としては、ちょっと悪くなったかもしれません。

大川直樹　（笑）

大川隆法　自分のことで一生懸命《いっしょうけんめい》になると、「ほかの人への気配《きくば》り」ができなくなるところがあるわけです。それに、時間が足りなくなってきたら、結局、受験で要《い》らない科目は手を抜いたり、無視したり、保健室に行ったり、休んだり、〝内職〟したりし始める人もいますよね。

私自身はそういうことをしなかったのですが、気持ちは分かります。やはり、追いつかない感じというか、どこでも上には上がいるものでして、高校あたりからはできる人もだいぶいましたからね。全県から各中学校のトップクラスが集まってくる学校だったので、みな、そこそこよくできて、けっこう厳しいなと思いました。例えば、理数系だと才能があるという人もいるわけです。

大川直樹　そうですよね。

大川隆法　成績は下のほうだと思ったのに、だんだん上がってくるような人もいました。一年生のときは百数十番ぐらいだったのに、二年生になると五十番台になって、三年生になると一桁《ひとけた》まで順位が上がってくるような人もいたのです。
それから、大学の附属《ふぞく》中学校あたりから来た人で、最初はものすごく上位の成績だったのに、三年生になるまでの間にだんだん下がっていくような人もいました。
やはり、人の能力というのは生まれつきのものだけでもないんだなと思います。

大川直樹　おっしゃるとおりだと感じます。

大川隆法　人生の途中《とちゅう》で有利な環境《かんきょう》があったときに他人《ひと》より上に立つことがあったりすると、「自分はこんなものだ」と勘違《かんちが》いしやすいけれども、実際は、だんだん追いつかれてくる部分もあるわけですよね。そういうことを感じました。
ただ、これは「教わるほうの側」の話なので、「教える側」のところまでは行っていないかもしれませんが。

あえて勉強科目を絞《しぼ》らなかった結果、身につけた技術とは

大川直樹　以前、総裁先生は、「利己的な部分が利他《りた》の思いに変化していくことがある」ということをお説きくださいました。

もう少し、具体的に言うと、一般《いっぱん》的に自分の時間をつくり出して、勉強したり、自己研鑽《けんさん》に励《はげ》むということは、「セルフィッシュ」や「自己主義的」に見えるけれど、一定期間、努力を継続《けいぞく》して自分を磨《みが》いていくと、自分のため（利己的）にやっていたことが、人のため（利他的）のものに変わっていくと教えていただいております。

やはり、教育者というものは、利他的な思い、言い換《か》えれば、周りへの愛の思いを持たなければいけないと思います。

ただ、今までのお話をお伺《うかが》いしていて、利他の前には「自分を磨かなければいけない下積みの期間」といいますか、時間に耐《た》える部分がないと、他人に何かをして

●利己的な部分が……　『人を愛し、人を生かし、人を許せ。』『凡事徹底と静寂の時間』（共に幸福の科学出版刊）等参照。

あげられるようにはなっていかないのかなと考えさせていただきました。

大川隆法　まあ、「教える側の先生の気持ち」も、「クラスの友達の気持ち」も、少しは分かったようなところもあったのかなと思います。

ただ、自分に余裕《よゆう》がなくなると、そういう配慮《はいりょ》が減ってくる面はあったかもしれません。

それは、大学受験などでもそうなのですが、志望校の選択《せんたく》をして勉強科目を早く絞《しぼ》り込《こ》まなかったら負けるからと、それ以外の科目は無駄《むだ》な気がしてしまいがちですよね。

例えば、「入試科目が三教科のところを狙《ねら》うなら、最初から絞り込まないと勝てない。三教科に絞り込めば、五教科勉強する人に勝てる」と思って、それ以外のものを捨ててしまうような人もいました。

ただ、それをすると、学年でのいろいろな試験の順位が下がるんですよね。それを無視して単に合格だけを目指すのもよいのかもしれませんが、そうすると、学校へ通っていることも先生が教えてくれていることも、何となく無駄なような気になってしまうので、それはかえって損かなと思って、私は受験に関係ないものもできるだけ一生懸命聴《き》くようにしていました。それは、大学でも同じような姿勢だったと思います。

その結果、卒業してからも「勉強の対象の範囲《はんい》が広がっていく」というか、教わっていなくても自学自習して、だんだんにプロフェッショナル化していくような技術を身につけたのです。

まあ、こういう「拡散型」の人は、ちょっと不利なんですけどね。何かのバーをクリアするスタイルの勉強は不利なのですが、自分としては、人生をかけて少しずつ少しずつ分かる範囲を広げていったような感じはあります。

「教える側の立場」に立って熱心に授業を受けてみた話

大川直樹　「教える側の先生の立場も考える」というのは、教育においては「人情の機微《きび》を捉《とら》えることができる」ということにも通じると思います。他人の気持ちが分かって、「このように話したり、行動したりすれば、その人のためになる」ということを感じ取れるかどうかというのは……。

大川隆法　やはり、宗教家だったのでしょうか。先生に〝気の毒〟な感じを持ったこともあったのです。例えば、高二で、五十代後半ぐらいの世界史の先生に教わったときに、そんなことを思ったのを覚えています。

当時、私が通っていた徳島県立城南《じょうなん》高校はトップ校だったので、県内では、「城南高校の先生を勤めて引退した」というと箔《はく》が付いたのです。それで、優秀《ゆうしゅう》な先生が引退する前は、だいたい城南高校に来ていました。

その先生も、世界史に関しては県でも五本の指に入ると言われるぐらい、よく勉強なさっていた方だったのです。ただ、病気で喉《のど》を傷《いた》められて、声があまり出なくなっていました。

ちなみに、城南高校にいたもう一人の世界史の先生も、昔、この先生に教わった教え子だったそうですが、その先生が言うには、「私の先生でもあったんです。声が聴こえないと思いますが……」ということで、確かに、最前列の人ぐらいまでにしか声が聴こえないんですよ。

当時はマイクもありませんから、その代わりに、先生は板書《ばんしょ》を一生懸命にされるのですね。生徒がノートを取れるように、いつも板書をし続けていました。

ところが、聴いているのは前の一列だけで、あとの生徒はみんな〝内職〟をしているような状態だったのです。まあ、内職をするのが主流ではあったのですけれども、先生のほうはそれを分かっていながら、延々と授業をしていたのです。それで私は、こういう同情はよくないだろうと思うのですが、やはり、気の毒になって、できるだけいちばん前で熱心に聴こうとしていました。

このへんは、「宗教家なんだなあ」とつくづく思いますね。教える立場というのが分かったという感じでしょうか。「定年まであと何年かあるけれども、仕事はしたいだろうし、生徒がボイコットをしたら、学校から追い出されるだろうな」というのは分かりましたからね。

5 教育者の条件

条件❶ 教える側の学歴には関係ない「教え方のうまさ」

先生と生徒との学力が拮抗《きっこう》してくる場合もある

大川直樹　先ほど、教員免許《めんきょ》の話をいたしましたが、免許取得のためには、教育実習に行かなければなりません。私は小学校一年生と高校三年生を相手に実習させていただきました。

私も昔から、「教える人になりたい」という思いはあったので、ともすれば学生時代は、学校の先生の教え方を見て、「自分だったら、もっと上手に教えられるのに」とか、「もっと楽しくできるのに」とか思ったものですけれども、いざ実習をしてみると、小学校一年生と高校三年生では、教え方、話し方も全然違《ちが》いましたし、教えるということは、難しいことだなと感じた記憶《きおく》がございます。

大川隆法　ああ、なるほど。

大川直樹　学生時代の総裁先生のような熱心な生徒が目の前にいてくだされば いいのですけれども、なかなか聴《き》いてくれないという経験もしました。

教育は誰《だれ》もが受けてきたものだからこそ、「このようにすべきだ」という自分なりの教育論を、素人《しろうと》でも誰であっても語れるところもありますが、実際にやってみると、他人《ひと》になかなか伝わらなかったり、うまくいかなかったりして、けっこう難しいなと感じます（苦笑）。

大川隆法　難しいですよね。

学校によってもいろいろあるので一緒《いっしょ》ではないと思うのですが、地方の県立高校あたりでは、高三ぐらいになると、いちばん成績のよいクラスの生徒と先生の学力がかなり近づいてくるんですよ。

大川直樹　（笑）そうですよね。

大川隆法　このあたりが非常に難しくて、例えば、英語などでは、生徒でも先生と同じぐらいの実力のある人がいるわけです。

私も質問をするために、いろいろな科目の先生のところによく行ったのですが、私の質問に答えられたことはまずなかったんですね。私が分からないものは、先生もたいてい分からないということが多かったのです。

実際にそうでしょうね。要するに、問題をつくったりする場合は、おそらく「過去問」等を見ながら、少し数字をいじったり条件をいじったりしてつくっているのでしょうから、先生も実際に本試験を受けてどこまでできるかといったら、けっこう厳しいと思います。

ちなみに、幸福の科学学園の校長は、教員採用のときに、センター試験等の過去問を解かせたりして、学力があるかどうかを見ているようなのですけれども、その教員の専門科目についてセンター試験の問題を受けさせても、満点はなかなか取れないそうですね。ただ、東大に行く学生が取るぐらいの点数をだいたい取るようではあります。もちろん、キャリアがあるので、それ以外のプラスアルファもあるのでしょうけれどもね。

いずれにせよ、学力的にはけっこう幅《はば》があって、拮抗《きっこう》していたり、先生によっても差があるので、なかなか難しいのですが、ただ、専門科目について知っているだけではなくて、「教えるのが上手」という人もいます。

大川直樹　そうですね。

大川隆法　教えるのが上手な人に当たると、学力が伸《の》びるんですよね。これが難しいところだと思います。

学歴が高ければ教え方もうまいとは必ずしも限らない

大川直樹　教えるということでは、自分が学んだことを他人に教えたくなる人はけっこう多いと思います。

ところが、自分が準備したことや知っていることをすべて伝えようと思うと、聴く側としては、「何を言っているのか分からない」とか、「そんなにたくさんのことを一度に言われても吸収し切れない」というようなことがあります。

そういう意味では、分かりやすく伝えるとか、「この人にはどうやれば伝わるのか」といった目線を持っていないと、やはり、伝わらない部分も出てくるのではないかと思うんですね。

大川隆法　それで思い出すのが、英語の先生のことです。私が何人かの先生に教わったなかでも、大阪《おおさか》のほうの大学を出たというある先生は、大学名としては見覚えのないところだったので、それほど有名大学ではなかったのだろうと思います。しかし、その人に教わると、確かによく分かるようなところがあったんですね。文法などがよく分かり、学力が伸びていくようなところがありました。

それに、私が質問をしたことで分からないことについては、「分からない」とはっきり言ってくれましたね。その先生は自宅でも塾《じゅく》を開いていたようです。

一方、私の次男（大川真輝《まさき》）が開成《かいせい》高校に通っていたときの担任の先生は、東京外大の英語科を首席で卒業した人だったそうですが、「その人に教わったら、まったく分かったような気がしない」ということを言っていたんですね。

おそらく、大学の先生になり損《そこ》ねて、一時期、開成に〝時間稼《かせ》ぎ〟に来ていたのだろうと思うのですが、それはありえるだろうなと思います。そういう人は、自分が関心のあることをやっていて、毎年毎年、分からない人を教えてあげるというようなことは、面倒《めんどう》くさくてやっていられないのでしょう。

そういう意味で、教育に関しては、必ずしも、「大は小を兼《か》ねる」ということはないのかもしれませんね。

大川直樹　そうですね。このあたりは、先生の学力や経歴と「教えることが上手かどうか」ということは、先生と生徒の相性《あいしょう》もあると思いますが、一致《いっち》しないことも多いように感じます。

「教え方の分かりやすさ」は、その人の「実体験のあるなし」にもよる

大川直樹　「教え方が分かりやすい」と言われる人は、何が優《すぐ》れているのでしょうか。

大川隆法　まあ、人によって違いはあるでしょうね。何でもできる人もいるし、特別なところだけがうまい人もいます。

私は、大学では法学部だったのですが、法律の先生には有名な人が多く、例えば、民法の星野英一《ほしのえいいち》先生という方がいました。すでに亡《な》くなった人ですが、民法学の権威《けんい》で、この方が書いた教科書も売れていますし、東大の名誉《めいよ》教授にもなった方です。

星野先生は司法試験の委員も務めていらっしゃったのですが、「私は先生に言われて、在学中と助手時代の三年間に司法試験を受け続けたけど、六回受けて短答試験は一回も受かっていない。その私が司法試験委員をやっているので、問題なんかつくれないんですよ。ほかの人につくってもらわないと分からない。自分が解けないものをつくれませんよ。だから、私の授業を聴いたからといって、受かるわけじゃありませんから」というようなことを言っていました。

大川直樹　（笑）

大川隆法　こちらは、「おっと！」と言って〝泳いで〟しまうようなところがあったのです。

そのように、東大の法律の先生になるような人でも、客観試験や論述試験がよくできる人もいれば、試験ものになると得意ではない人もいます。

まあ、性格の違いもあるのかもしれないですね。何か特別な関心のあるところをグーッと掘《ほ》り込《こ》んでいくのが好きで、すべて満遍《まんべん》なく点数を取るのが得意ではないのかもしれません。

大川直樹　大学時代に、私が講義を受けて面白《おもしろ》いと思ったり、授業を聴く姿勢を積極的に持てたりしたのは、教授の方が実体験に基《もと》づいて、知的好奇心《こうきしん》を揺《ゆ》さぶってくれるような話をしてくださったときです。言葉の裏にある重みを感じましたし、「この人の話は信頼《しんらい》できる」という安心感がありました。

そういう人に教わったときは、自分がまったく関心のない分野でも聴き入《い》ったのです。面白い話をあえてしようとしているわけではなくて、淡々《たんたん》と授業をされているのですけれども、何か聴き入ってしまうような魅力《みりょく》がありました。

大川隆法　ただ、それは「授業のうまさ」で採用しているわけではないらしいので、そこが難しいところですよね。

大川直樹　まさに、おっしゃるとおりです（笑）。

大川隆法　予備校などであれば、授業がうまいと給料がすぐにガッと上がってくるのですが、大学では、授業が上手であろうと下手《へた》であろうと、同年次なら給料はだいたい同じになっています。ですから、そんなにやる気が起きないということはあるかもしれません。

大川直樹　論文の中身とか……。

大川隆法　そう、そう。分かりにくい論文を一生懸命《いっしょうけんめい》書いていますよね。

大川直樹　学術的なのかもしれません（笑）。

大川隆法　緻密《ちみつ》に書いているので、特別な人たちのなかの何人かに認められればよいということがあります。

むしろ、教え方がうまいと嫉妬《しっと》されるようなこともあったりするのです。

大川直樹　そうですね。

大川隆法　助手が先生よりもうまいと嫉妬されることもあるので、難しいですね。

実物を見たことがない人が教えてもよく分からない

大川隆法　ちなみに、私は大学生のときに「商法」の授業も取っていて、「会社法」や「手形・小切手法」も教わったのですが、先生が壇上《だんじょう》から、「私は手形も小切手も見たことがない」とおっしゃったときは、本当に力が抜《ぬ》けてしまいました。

大川直樹　（笑）

大川隆法　「教科書を使って授業をされているけれども、『手形や小切手を見たことがない』と言う人の講義を聴いて、本当に分かるのだろうか」と思ったのですが、やはり、分かりませんでした（笑）。教科書を読んでも分からないのと同じように、授業を聴いても分からなかったわけです。

また、「会社法」についての講義では、会社のつくり方や法律的な定義を説明してくれるのですが、「会社に勤めたことがないので、会社ってよく分からないんです」とおっしゃるので、何とも言えませんでしたね。

大川直樹　（笑）

大川隆法　その先生の話を聴いても、「結局、会社とは何なのだろう？」という感じがあったわけです。

あるいは、「書類業務」という言葉もときどき出てきましたが、書類業務とはいったいどんなものなのかが、どうしても推測がつきませんでした。

やはり、実際に会社で仕事をしたことがない人に講義をされると、分からなかったのです。

大川直樹　はい。抽象的《ちゅうしょう》になるといいますか、まったくの理論だけでは、現実が見えてこない部分があると思います。

大川隆法　まあ、難しいですよね。

例えば、企業《きぎょう》のほうに、「資料を分けてくれないか」と言ってくる大学の先生もいます。

私も経験があるのですが、一橋《ひとつばし》大学のある有名な先生から、「商社の海外法務部門で扱《あつか》っている事件で、裁判になったようなケースにはどういうものがあるのかを知りたいから、資料を一通りもらえないか」と言われたんですよ。

しかし、会社の秘密がいろいろと分かってしまうので、トラブルになった案件は出せるはずがありません。そういうわけで、資料は送りませんでした。

また、同級生で大蔵省《おおくらしょう》(現・財務省)の国際金融《きんゆう》関係の部署に入った人からは、「私は大蔵省の国際金融局に勤めているけど、実は、会社で実際に扱っている書類等を見たことがないので、ちょっと休み時間に行くから、国際金融の書類や外為《がいため》はいったいどんなものなのか、見せてもらえないか。できたら、サンプルを分けてくれないか」と言われたこともあります。

ただ、「駄目《だめ》」と言って断りました。

大川直樹　（笑）

大川隆法　「お客様の秘密が漏《も》れますから、そういうわけにはいきません」と言って、見せなかったのです。

結局、実物を見たことのない人が教えたり、指導をしたりしていることもけっこうあるということですね。

まあ、何でも経験があったほうがいいということでしょう。

大川直樹　そうかもしれません。

実社会での経験があると、地に足がついた話ができる

大川隆法　そういうことで、「手形・小切手法」を授業で聴いても、ちょっとよく分かりませんでしたが、単位はきちんと取って卒業しました。

ただ、その後、商社に勤めてニューヨークで仕事をしていたときは、みんな小切手帳を持っていて、いつも小切手を切って支払《しはら》いをしていたんですよ。

それで、「もしかして、これが小切手なのかな?　自分は小切手帳を持って、小切手を切ってお金を払っているらしい」ということが分かりました（笑）。

大川直樹　（笑）

大川隆法　それを最初に気がついたわけではなく、しばらく使ったあとに気がつい

たのです。

例えば、片目に眼鏡《めがね》をかけて金の鎖《くさり》を提《さ》げ、ステッキをついているような人が、胸から小切手帳を出して、「これは何億円？ うん、そうですか」と言いながらそこに書いて、ピッと切って渡《わた》したりするような物語を見た覚えはありますが、そんなに大きな額ではなくて、日常の買い物程度でも、自分は実際に小切手を使っていたわけです。

ですから、学問で教わったものと現実とがつながらなくて、何か不思議な感じはありましたね。

ある意味で、塾の先生などもそうだと思います。勉強はある程度できたのでしょうけれども、実社会に出てから、勤めていた会社が潰《つぶ》れるなり、クビになるなり、人間関係で失敗するなりして、塾の先生になっている人が多いと思うんですね。そういう人は、昔取った杵柄《きねづか》で、自分の得意な科目を教えたりしているのでしょうけれども、話が面白い人もたまにいるわけです。

予備校の先生もそうですが、何か社会経験のあるような人の場合は、何となく地に足がついた話をしてくれるので、そういうものが分かることもありますよね。

大川直樹　はい。

条件② 空回《からまわ》りでない「情熱」

教育者の例――「苦楽中道《くらくちゅうどう》の悟《さと》り」を得た仏陀《ぶっだ》

大川直樹　教育者になるための条件について、別の角度からもお話をさせていただければと思います。

大川隆法　なるほど。

大川直樹　教育者に求められる素質の一つとして、やはり、「情熱」のところは大きいのではないかなと思っています。

私自身の経験としても、熱心に語って教えたときには、それに応《こた》えてくださる人がいましたし、昔の例で言うと、吉田松陰《よしだしょういん》先生なども、情熱の人だったからこそ、多くの人を育てられたところがあると思うのです。

そこで、この「情熱」を持ち続けるコツや秘訣《ひけつ》といった、マインド面について、お話を進めさせていただきたいと思います。

大川隆法　いやあ、難しい問題ですね。

でも、若いうちにはわりあい情熱があっても、年を取ると薄《うす》れてくることもあるし、若いうちに情熱はあったとしても、該博《がいはく》な知識というのはあまりありませんからね。

大川直樹　そうですね。

大川隆法　その兼《か》ね合いがあるので、「よい先生かどうか」というところは、難しい問題だと思います。

これに関して、ちょっと古い話にはなりますけれども、宗教であれば、釈尊《しゃくそん》の例が挙げられるかもしれません。

釈尊は、王宮を出てから六年ぐらいは山林修行《しゅぎょう》をしていますが、その間、アーラーラ・カーラーマという人とウッダカ・ラーマプッタ（ルドラカ・ラーマプトラともいう）という人のもとで、二回ほど仙人《せんにん》修行のような瞑想《めいそう》の修行もしていました。ただ、どちらも数カ月かで卒業してしまったので、その後は、自分自身で自由修行に入っていったのです。

当時のインドはヨガの系統を引いていたので、断食《だんじき》や坐禅《ざぜん》などがポピュラーな修行となっていました。

インドには、ナイランジャナー河（ネランジャラー河）という、乾季《かんき》は川幅《かわはば》がやや細《ほそ》くなり、雨季になると広くなる川があります。私も実際に行ったことがありますが、そのほとりで、釈尊は修行をしていました。その場所については、本によっては森のように書かれているものもありますが、今、見てみると、森というよりは砂地に近いところに、灌木《かんぼく》のようなものがパラパラと立っている程度です。その辺《あた》りで、釈尊は、食べるものは粟粒《あわつぶ》一つという感じでギリギリまで断食修行をしていたので、ガリガリに痩《や》せていました。

その近くには、今では「スジャーター村」といわれている村があるのですが、そのスジャーターという村娘《むらむすめ》が、断食中の釈尊にミルク粥《がゆ》を供養《くよう》するわけです。それにより、釈尊は、「苦行《くぎょう》のなかには悟《さと》りがない」ということに気づき、「苦楽中道《くらくちゅうどう》の悟り」を得たということになっています。

ただ、一緒《いっしょ》に修行をしていた五人の仲間たちは、それを見て、「あいつは堕落《だらく》した」と言って立ち去ったという話がありますよね。

確かに、あの当時には、すでに、仏教と似た種類の巨大《きょだい》宗教のように言われる「ジャイナ教」というものが古くからあり、その二十四代目に当たるマハーヴィーラという人が、釈尊の同世代にいました。そのジャイナ教のほうの伝えでは、断食をしていて、もし絶食により痩せて死んだとしても、そのまま神、聖者になれるという信仰《しんこう》があったのです。

ですから、一緒に修行をしていた仲間たちは、釈尊が断食を途中《とちゅう》でやめてお布施《ふせ》を頂いたことに対し、「堕落した」と思って見捨てたというのも、分からなくはありません。

しかし、釈尊自身は、ミルク粥で、多少、生気が甦《よみがえ》ったことにより、「本当の悟りとは、死ぬことが目的なのではなく、やはり、智慧《ちえ》にあるのではないか」ということに気づいたわけです。

まあ、今、ここで、菩提樹下《ぼだいじゅげ》の悟りまで全部を説明する気はないですが、いちおう、「自分は悟った」という自覚があったわけですね。

大川直樹　はい。

二千五百年前、釈尊《しゃくそん》が伝え方に失敗した話

大川隆法　そのあと、仏陀《ぶっだ》は、伝道しようと思い立つ前に、「この教えは難しすぎて、人には伝えられないのではないか」とためらいます。すると、そこで、「梵天《ぼんてん》勧請《かんじょう》」というものがなされるわけです。

梵天といわれる、インドの偉《えら》い神様が出てきて、「仏陀よ、その悟りを自分だけが持ったままで死んでしまうのはもったいないですから、どうぞ世間《せけん》に伝えてください」と、三回も勧《すす》められるんですね。これを、「三止三請《さんしさんしょう》」と言うのですが、梵天から三回請《こ》われても、仏陀は、「そうは言っても、この教えが分かる人はいないだろうから」という感じで、三回とも断るわけです。

そうしたやりとりの末《すえ》、とうとう腰《こし》を上げて「伝道しようか」と思い立ったとき、仏陀はすでに千里眼《せんりがん》が開いていたので、かつての五人の修行仲間たちが鹿野苑《ろくやおん》（現在のサールナート）にいるのが視《み》えました。

●梵天勧請　大悟《たいご》した釈尊に、悟りの内容を広めて衆生《しゅじょう》を救済するよう、神々が請《こ》うたこと。『悟りの挑戦（上巻）』（幸福の科学出版刊）第１章「仏教的精神とは何か」等参照。

ちなみに、鹿野苑の地は、「鹿《しか》の苑《その》」と意訳されたように、たくさんの鹿がいた場所とされていて、今、その当時のいわれにちなんで鹿が飼われています。

そうした所で五人の仲間たちが修行していることが、仏陀は天眼《てんげん》で視て分かったので、そこへ行って伝えようとするわけです。どのくらいの距離《きょり》があったのかは、やや分かりにくいところがあるのですが、二百キロぐらいはあったのではないでしょうか。

そうして、教えを伝えようと歩いて向かっている途中に、仏陀は森のなかで商人と会います。ちなみに、この人は、おそらく、アージーヴィカ教徒だったのではないかと言われています。また、名前については諸説あり、後《のち》に仏教に帰依《きえ》し、仏陀の入滅《にゅうめつ》のときに、最後に入信した人と同一人物ではないかなど、いろいろな説があるのですが、正確ではないので、それは置いておきましょう。

そのとき、仏陀は高揚《こうよう》した感じで歩いていたので、その商人に、「何かあったのですか」という感じで尋《たず》ねられるのですが、言葉が出てこないわけですね。

●アージーヴィカ教　古代インドの宗教の一つ。仏教やジャイナ教と同じ時期に誕生し、徹底した宿命論を説いた。

大川直樹　はい（笑）。

大川隆法　仏陀はとにかく修行ばかりしていて、しばらくの間、人と話をしていなかったので、言葉がなかなか出てこなくて、「私は悟ったのだ。ついに真理に到達《とうたつ》したのだ。私は最勝者《さいしょうしゃ》となったのだ。最も優《すぐ》れたる者となったのだ」というようなことを言うのです。

するとその人は、頭にターバンを巻いていたのではないかと思われますけれども、インド人がよくするように首を横に振《ふ》りながら、「そういうこともあるでしょうなあ」と言って、通り過ぎてしまうわけです。

つまり、最初の伝道で失敗しているんですよ。

大川直樹　そういうことになるのですね。

大川隆法　私が、なぜ、この話をするかというと、私の長男の宏洋《ひろし》が小学校一年生に上がるころの六歳《さい》のときに、家にあった仏陀伝の絵本を読んで、「パパ、どうして最初の伝道は失敗したの？」と言ったからなんですよね（笑）。

大川直樹　（笑）

大川隆法　「おっと！　痛いところを突《つ》いてくるじゃないか」と思ったものです。

大川直樹　鋭《するど》いですね（笑）。

大川隆法　「悟って仏陀になった人が、なんで最初の伝道に失敗したの？」と、こう来るわけですから、絵本もなかなか油断なりません。「そこまで書くな」と言いたくなりますよね。

大川直樹　（笑）

大川隆法　そのときは、仏陀も、まだちょっと若かったし、悟ったことへの喜びが大きすぎて、気分が高揚していたのもあって、とにかく、「自分は悟ったのだ」ということを高らかに言いたくてしかたがなかったのでしょう。ただ、相手からすれば、そうは見えなかったわけです。

当時のインドの感覚で見ると、仏陀というのは、「救世主」が出たぐらいの感覚に、やや近いんですよ。

大川直樹　そうですね。

大川隆法　「どこかに仏陀は出ないか」「いつ出るか」「どこに出るか」というように、誰《だれ》もが期待していたのです。

そんなときに、ちょっと元気を取り戻《もど》した程度の、痩せこけた三十五歳ぐらいの人が一人で歩いてきて、「私は仏陀になった。救世主だ！」と言っても、「まあ、そういうこともありましょうね。アハハ（笑）」というような反応になるのでしょう。あまり深くかかわるとよくないので、首を振りながら、否定はしないけれども肯《こう》定《てい》もせずに通り過ぎてしまったんですね。

大川直樹　仏陀であっても、最初の伝道ではそのような経験をされたということですね。

二千五百年後も遺《のこ》る仏陀《ぶっだ》の初転法輪《しょてんぼうりん》のエピソード

大川隆法　その彼が、仏陀《ぶっだ》の晩年に帰依したという話は、救いかもしれないけれども、そういうこともありました。
確かに、「救世主になった！　仏陀になった！」と言われた場合、普通《ふつう》は、ゾロゾロゾロッとお弟子《でし》を連れてきて、祭壇《さいだん》でも築いて、その上で説法《せっぽう》をしているところに居合わせたら、「あっ、もしかしたら」と思うかもしれません。あるいは、「いや、偉い先生だけれども、仏陀ではないのではないか」ぐらいの目では見るでしょう。
しかし、森ですれ違《ちが》うぐらいの人が、弟子を一人も連れずにそんなことを言ったところで、信用されなかったということですね。

大川直樹　はい。

大川隆法　そのあと、仏陀は、五人の仲間たちに教えを説こうと鹿野苑へ行くわけですが、彼らは、遠くから仏陀が近づいてくるのを見つけると、「ああ、あいつだ！　堕落したあいつがやって来た。みんな、口をきかないようにしような」という感じで申し合わせます。

ところが、すぐ近くまで来た仏陀に後光《ごこう》が出ているのが視えたらしく、話をしないつもりのはずだったのに、彼らはなぜか手を合わせて弟子の礼を取ってしまいました。そこは、やはり、修行者なので感じるところがあったのかもしれません。

この五人に説法したことを、仏教では「初転法輪《しょてんぼうりん》」と言うわけですね。

そして、次にはそこを根拠《こんきょ》にして、托鉢《たくはつ》を交代でしながら、残りの人は禅定《ぜんじょう》したりして、六十一人まで広げたことが、最初の記録として遺《のこ》っています。

大川直樹　はい。

大川隆法　ヤサという、金の靴《くつ》を履《は》いたお金持ちの息子《むすこ》が弟子になり、続いて、父親たちも在家《ざいけ》信者として帰依します。すると、富豪《ふごう》が弟子になったらしいということとが噂《うわさ》となり、また人が来て、というように弟子が増えていきました。

最初の伝道で六十一人まで広がったのが、今で言えば、仏教教団の始まりに当たるのでしょう。

そういうことを見ても、「二千五百年たっても遺るのか」と思うと、やはり、厳しいものはありますね。

大川直樹　そうですね。

人前で話す際に失敗した事例から学ぶ

大川隆法　そのようなこともあるので、私も、幸福の科学の初転法輪に関しては思うところがあるのです。

何度も話して申し訳ないのですが、（一九八六年十一月二十三日の）日曜日に日暮里《にっぽり》酒販《しゅはん》会館（現・幸福の科

1986年11月23日に開催された「幸福の科学発足《ほっそく》記念座談会」（初転法輪《しょてんぼうりん》）の様子（東京都荒川区）。

学 初転法輪記念館）で、幸福の科学の発足《ほっそく》記念座談会を開きました。そのときには、全国から九十人弱の人が集まって、私の話を聴《き》きに来てくれたものの、本当に満足してくださるかどうかは分からなかったのです。

参加者には、とても年齢《ねんれい》の高い人もいましたし、当時、すでに『日蓮《にちれん》の霊言《れいげん》』●が発刊されていましたけれども、なかには、「在家で日蓮を外護《げご》した、宿屋入道《やどやにゅうどう》の子孫《しそん》だ」と言う人まで来ていたのです。

そのように、けっこう年上の人がわりあい多かったので、当時は、かなり緊張《きんちょう》していました。二時間四十分も話したのですが、自分としては、「また、やっちゃったかなあ」というような失敗した感じも、一部にはあったんですよ。

大川直樹　そうなのですか。

大川隆法　たくさん話したことは話したのですが、説法としては立派なものではな

●『日蓮の霊言』…… 現在は、『大川隆法霊言全集』第１巻・第２巻（宗教法人幸福の科学刊）に所収。

かったんです。私が緊張したときのスタイルなのですけれども、早口になって、すごい量を話してしまったんですね。

初転法輪というのは大事なのに、今、その説法内容がＣＤとして頒布《はんぷ》されていないのは、私が嫌《いや》がっているからなんです。

もっと以前の商社時代に、財務に配属されて何年間かたったころにも、ほかの部署の人に財務の勉強をしてもらうために、人事研修の講師として教えに行ったことがあるんです。

そのときは、一時間半から二時間ぐらいかけて教えたのですが、早口でものすごい量を話したので、人事の人には、「あれをノートに取れる人はいないだろう」と言われてしまい、カクッときたのを覚えています。研修の参加者にとっては速すぎたらしいと言われて、多少、ショックを受けました。

板書《ばんしょ》もしながら話したのですが、すごく早口だったらしく、「頭がついていけない」ということを言われてしまい、「ああ、またやっちゃったかな」と思って、非常に恐縮《きょうしゅく》しました。

「講演の仕方について教える」と申し出てきた俳優・南原宏治《なんばらこうじ》氏

大川隆法　初転法輪での説法は、それでも、評判は比較《ひかく》的よかったのですが、ただ、一部からは不満も出ていました。

例えば、俳優の南原宏治《なんばらこうじ》さんがこんな手紙を送ってきたんです。座談会当日は本会場に来られなかったので、後日、録音テープで聴いたらしく、「発声法から話し方の訓練がなっていない！」といった内容が、万年筆で二十枚以上も書かれていたんですよ。

「言葉を区切りながら話をする。息は、お腹《なか》の底まで落として、それから出す。喉《のど》だけでしゃべろうとするから、高い声で回転してしまうんだ。お腹まで吸って、出す！　こうしないと早死にするんだ。言葉は切って言いなさい。ついては、これについてレクチャーをしたいから、第一回牛込《うしごめ》公会堂の講演会のあとに、舞台裏《ぶたいうら》の控《ひか》え室で会おう。そこで、講演の仕方について教える」というようなことが書かれていたので、「分かりました。よろしくお願いします」と返事をしたのです。

ところが、第一回の講演会では、座談会のときとは感じがまったく違ったんですね。要するに、前回とは別の指導霊だったので、まったく違う講演になったわけです。

講演後、いつまで待っても楽屋に南原さんが来ないので、「なんで来ないいんだろうな。雪が降ったから、今日は休んで来なかったのかな」と思っていたら、あとで分かったのは、逃《に》げて帰ったということでした。

大川直樹　（笑）

大川隆法　「説教をしてやろうと思って講演会に来たところ、まったくの別人のような講演だったので、恥《は》ずかしくなって帰った」ということだったのです。

●第一回の講演会　1987年3月8日、東京・牛込公会堂において開催された「幸福の原理」。『幸福の原理』（幸福の科学出版刊）第1部に所収。

大川直樹　そういうことだったのですね。

大川隆法　何せ、人に教えるというのは、難しいことですね。

大川直樹　はい。難しいです。

大川隆法　宗教なんかだと、年上の人は、なかなかうるさいですよね。

大川直樹　（笑）

大川隆法　こちらを立ててくれているように言いながら、実は、向こうも〝説教〟しているというようなことが多かったりします。

宗教経験の多い人もいるので、そういうところは難しいわけです。

「空回《からまわ》りしない情熱」を身につけることの大切さと難しさ

大川隆法　とにかく、若いときは知識も経験も少ないので、ほかの人のほうがよく知っているかもしれないということもあります。

大川直樹　そうですね。

大川隆法　そのため、あなたの言うように情熱を……、空回《からまわ》りしないような情熱を、とりあえず出さなければいけないのかなと思うんですね。

私の場合、初期のころの講演会等では、大きな声を張り上げ、すごく迫力《はくりょく》があって、何と言うか、人間ではないというか、この世のものではないような話し方をけっこうしていました。当時はまだ三十代でしたが、自分としても、「もう、今日、死んでもいい」というぐらいの感じで、グワングワンにやっていたというのは、そのとおりです。
そのため、講演のあとは四日ぐらい動けなくなり、寝《ね》たきりのようになっている状態が多かったですね。やはり、そのくらい難しいんですよ。
だから、若い人たちも、「自分は話ができるのかな」と思うかもしれないけれども、最初は千人規模でも緊張するもので、それが、二千、三千、五千、一万となってきたら、その人数分だけ〝難度〟が上がっていきます。いろいろな職業や年齢の人、あるいは男女の別もあれば、孫がいるような人まで来られるようになりますからね。

大川直樹　はい。

大川隆法　最初のころは、私は独身で説法をしていましたけれども、やはり、みんな、私に対して、「一言《ひとこと》ある」と言うのです。

「顔が悪い」とか、「声が悪い」とかいう意見まで出てくるし、ときどき自己卑下《ひげ》的なことを言うと、そこを突っ込んでくるような人もいました。

「いやあ、なかなか難しいなあ」と思ったものです。

条件③「言葉の重み」があるかどうか

言葉に重みのある西郷隆盛《さいごうたかもり》と頭の回転が速い勝海舟《かつかいしゅう》

大川直樹　情熱ということで言えば、今おっしゃった、「情熱が空回《からまわ》りしないように気をつけろ」というのと関連するかもしれないのですが、やはり、「教育者の言葉の重み」というものがあって、その一言《ひとこと》一言が相手にどう伝わるかというところは大きいと思うんですね。

例えば、自分の話において、意図していないところで相手が感動してくれたり、反対に、相手にはそれが深く刺《さ》さり、傷つけてしまうような言葉になったりすることもあると思います。

そういった、教育者や人を導く立場にいる人の言葉の重み、言葉の信頼《しんらい》感というのは……。

大川隆法　そこは重いところですね。

勉強して、先生のように人を教えられる立場になると、当然、知識量は増えてくるので、言いたいことはたくさんあるでしょうし、情熱的にまくし立てたり、たくさん話したりすることは、できないことはないですよね。

大川直樹　はい。

大川隆法　頭の回転が速くて口が立てば、言えないことはないけれども、むしろ、「言葉を選んだり、控《ひか》えたり、言葉を重く捉《とら》えて伝えたりする技術」というのは、老獪《ろうかい》でなければ、そんなに簡単にできることではありません。

大川直樹　難しいですね。

大川隆法　今でも、大臣の記者会見などを見ても、失言をしようものなら、マスコミに何回も同じ場面をテレビで流されて、失職に追い込《こ》まれていくというケースは多いですよね。やはり、六十代になっても、難しいものは難しいわけです。

いや、ここは悩《なや》みのところですね。

大川直樹　はい。

大川隆法　機関銃《きかんじゅう》のように、情熱的に教えを説かなければならないところもあって、これも頭のよさの証明ではあるのですが、もう一つには、智慧《ちえ》があることの証明として、言葉を選んだり、抑《おさ》えるべきところを抑えたりしなければならないところも要《い》るでしょう。あるいは、「言葉に重みがある」ということでしょうか。

例えば、西郷隆盛《さいごうたかもり》は、言葉が少なく、一週間でも黙《だま》っていられるような人でしたが、契約《けいやく》のときには、彼が「ようごわす」と言えば、それで〝Done《ダン》〟（交渉《こうしょう》成立）となるわけです。

「西郷が、『ようごわす』と言ったら、それで終わり」ということですから、これは言葉に重みがありますよね。

大川直樹　はい。一言で決着させる重みがあると思います。

大川隆法　もう、グジャグジャと長いことを言わないわけです。

一方、勝海舟《かつかいしゅう》は、頭の回転がすごく速く、機関銃のように話します。ところが、西郷はほとんど話さず、じーっとしていて、一言、言えば、その言葉が「結論」になるのです。

例えば、江戸城《えどじょう》無血開城においては、勝はまくし立てたに違《ちが》いなしだけど、西郷はそんなに話すわけがないので、じーっとしていたのでしょう。

大川直樹　ええ、そのようなお二人の姿が思い浮《う》かびますね。

大川隆法　そして、「先生がそうおっしゃるなら、それでようごわす。攻《せ》めるのはやめましょう」ということで、それで無血開城となりました。この言葉は重いですよね。

大川直樹　はい。

大川隆法　ですから、その重さに信頼感がなければいけません。海舟のように、言葉数も多くて、頭が切れて、知見というか見識が広くて、みんなを驚《おどろ》かすようなところも、先生の立場としては非常によいこともありますが、西郷のように、言葉が重くて、深沈厚重《しんちんこうじゅう》というか、「深く、重い」というのも、また、大物の証明ですよね。

「大川隆法は実在するのか」と疑われた、霊言《れいげん》発刊当初

大川隆法　政治家も、言葉による試験は、最後までずっと続くとは思うけれども、これは本当に難しいことです。

私自身、幸福の科学を始める前の、霊言集《れいげんしゅう》を出し始めたころに、それを出版していた潮文社《ちょうぶんしゃ》という出版社が、「大川隆法なる人は本当に実在するのか」を心配し始めたことがありました。

日蓮《にちれん》や空海《くうかい》、天照大神《あまてらすおおみかみ》、ソクラテスなど、あまりにもたくさん出てきたからでしょう。意外に、日蓮、空海あたりまでは、まだ日本の「偉人《いじん》」だったし、耐《た》えていたんですよ。ただ、天照大神が出てきたあたりで、とうとう耐えられなくなってきたのか、「これは本当なんですか!?」と訊《き》いてきました。

大川直樹　（笑）

大川隆法　それで、「本当に、本当です」と答えたところ、その出版社から「これは大変なことですよ」と言われたのです。

大川直樹　その出版社の方々の感想は、もっともだと思います。神様の言葉を聴《き》けるというのは、普通《ふつう》では考えられないことですから……。

大川隆法　「天照大神が出てくるというのは、日本では大変なことですよ。私たちも、詐欺《さぎ》をやってたんじゃ許されないので」と言っていました。

そこの出版社は、私の霊言集を発刊する以前から、『シルバー・バーチの霊訓《れいくん》』とか『ホワイト・イーグル霊言集』など、外国の霊が匿名《とくめい》で霊言したようなものを翻訳《ほんやく》して出していました。直訳すると、「白い樺《かば》の木」とか「白い鷲《わし》」でしょうか。ただ、名前が出るとなると、責任が出てきますよね。

大川直樹　はい。

大川隆法　それで、「一回、著者に会いたい。来てくれ」と言うので、父親と一緒《いっしょ》に、当時、市ケ谷《いちがや》にあった潮文社まで行き、向こうも、大川隆法が実在しているのを確認したことがありました。

教祖として発する言葉の重さは「綸言汗《りんげんあせ》の如《ごと》し」

大川隆法　その出版社の人と会ったとき、私の手伝いをしてくれる人を何人か紹介《しょうかい》すると言ってくれました。熱心な読者からの問い合わせがたくさん来ていたようで、手伝ってくれそうな人を紹介してくれたりしたのです。

ただ、教団を開く前に、「少なくとも、これだけは知っておいてください」ということで、次のようなことを言われました。

「教祖とか、霊言を降ろせるような人というのは、それを信じる人にとっては、天皇陛下《へいか》のようなものなんです。だから、その判断や考えはすごく重いものになります。『綸言汗《りんげんあせ》の如《ごと》し』と言いますけれども、『一度出た汗を引っ込めることができない』ように、君主や賢人《けんじん》が言った言葉、一度出た言葉は取り消せないものなんです。みんな、神様のように思っていて、その言葉は非常に重要なものになるので、気をつけなければいけません。それは、つまり、どういうことかというと、『手伝いを頼《たの》まれた人や側《そば》にいる人が悪人にならなければ駄目《だめ》だ』ということです」というようなことを言われたのです。

そして、さらに、手伝いをしてくれている人に対しては、「あなたが憎《にく》まれなければ駄目なんです。側にいて仕切っている人が、訪問者を教祖に会わせるかどうかとか、講演会をするとか、人生相談を聴くとか、させないとか、いろいろと交通整理しますよね。その役割は、やっぱり、憎まれますよ。これは、悪人にならないとできません。教祖は〝天皇陛下〟なので、傷つけてはいけないんです。間違えてはいけないんです。そして、間違ったときには、自分のせいということにして受け止めなければいけないので、とても難しいですよ」というようなことを言っていたのを覚えています。

大川直樹　身が引き締《し》まります。

大川隆法　「宗教というのはそういうものなんだ」というようなことを言われたのです。

そのときに、「やはり、教祖の言葉というのは、それほどまでに重いものなのか」と思いました。確かに、古代霊たちの言葉だとしても、名前のある人たちの言葉というのは、みんな、本当に真剣《しんけん》に受け止めますからね。

大川直樹　はい。学ばせていただいている私たちも真剣に受け止めさせていただいております。

大川隆法　いろいろな人に当てはまる場合もあれば、当てはまらない場合もあるのですが、やはり、それでも、「自分に言われた」と思って怒《おこ》ってくる人もいるわけですよ。

この霊言は、その人だけに言ったわけではないのに、自分に対して言ったと思って、怒《いか》りの手紙を書いてくる人もいたりと、やはり、いろいろな人がいます。

それは、講演会でもそうです。ある人には当てはまっても、ほかの人には当てはまらないということもありますから、そのときには、喜ぶ人も怒る人も同時に出てくるんですよ。

いろいろな人が聴いていますし、その言葉は百パーセント間違いのない言葉だとして発せられているのだと思われているので、言い訳はきかないわけです。

もちろん、個別には言い訳をしたくなることもあります。記者会見でも開いて、「いや、あなたに対しては、こうです」とか、「そういうことを意味して言ったわけではありません」などと言い訳をしていれば、いくらでも言葉は出てきますけれども、そうしたことはできないものだと思ってやらなければいけないということですね。

大川直樹　はい。

大川隆法　本を出しているのみの段階で、すでにそういうことは言われていたので、講演をし始めても、やはり、その重さは感じました。

要するに、子供からお年寄りまで、あらゆる年齢《ねんれい》層の人も来れば、男女の違いもあるし、いろいろな職業の人や、経歴を見たら、こちらよりも立場が上の会社の社長さんなど、さまざまな人たちが大勢いらっしゃるなかで、はたして自分の話が通じるか否《いな》かというようなことですよね。

「言葉による誤解」が味方を敵にしてしまうこともある

大川隆法　潮文社の次には、土屋《つちや》書店という出版社から本を出すようになったのですが、そこも、私の本を出すようになってから、すぐに二万部以上も売れるようになりました。すると、今まで、そんなに売れたことがなかったので、お礼をしなければいけないということで、そこの専務が私の大阪《おおさか》の講演会のときに来てくれたことがあったのです。

当時の社長はだいぶ年を取られていたので、名前だけの肩書《かたがき》になっていて、専務である息子《むすこ》さんが社長のような仕事をしていたのですが、その息子さんが、講演会を聴いたあとに挨拶《あいさつ》に寄るという話で、大阪まで来てくださいました。

ところが、その講演ではたまたま霊指導に引っ張られて、『聖書《せいしょ》』に書かれてある、イエスの「金持ちが天国へ入るのは、ラクダが針の穴を通るより難しい」ではありませんが、それに近いようなことを言いました。「金儲《かねもう》けのために生きるような人間では、天国には行けない。地獄《じごく》行きかもしれない」というようなものに近いニュアンスの部分が、講演のなかに一部あったんですよ。

当時は、まだ、霊言の気分が残っていたので、講演といっても、必ずしも「すべて大川隆法の考えとして捉えられても困らない」というところまでは行っていなかった部分もありました。

その専務は、講演を聴いたら、質疑応答が始まる前に、新幹線に乗って東京へ帰ってしまったのです。「父の具合が悪くなったので、急に帰ることになった」と言ってはいましたが、そうではなくて、出版社が〝怒られた〟と思ったのかもしれません。

「よく売れて儲かっております」という感じで挨拶しようと思っていたのに、金儲けについて怒られたと思ったのか、帰ってしまったというようなことがありました。

やはり、難しいものだなと思います。さすがに、自分の本を出版してくれた出版社が儲かったことを怒るほど、私は心が狭《せま》くありません。「売れる」ということは、「教えが広がる」ということでもあるので、別に構わないのですが、それでも、やはり、説法《せっぽう》を聴いたら、「金儲けを目論《もくろ》んでいて、さらに何か言おうとしているのを見抜《みぬ》かれたか」と思ったようで、帰ってしまったわけです。

いやあ、難しいものですね。味方を敵にしてしまうことだってありうるということです。

大川直樹　おっしゃるとおりですね。言葉一つで……。

大川隆法　いやあ、厳しい。

大川直樹　厳しいですね。

条件❹ 宗教家で言う「対機説法能力《たいきせっぽう》」

中国の古典「木鶏《もっけい》」の話――気負いがあるうちは駄目《だめ》

大川直樹　「言葉」というキーワードで言えば、一方で無口でいたり、何もしないままでいたりしては、人に何かを伝えることはできないですし、教えられないところがあります。例えば、学校の先生が生徒から相談を受けたときに、何か答えなければいけませんし、そのタイミングで伝えるからこそ相手に届く言葉というものもあると思います。

そのような、瞬時《しゅんじ》に言葉をつくっていく力といったもの、宗教的に言えば、「対《たい》機説法能力《きせっぽう》」でしょうか。そういった、その人にとって必要な言葉をその場で創造していく力というのも、教育者の条件として、一つあるのではないかと思うのですけれども。

大川隆法　若いうちは、頭の回転が速くて、知識は豊富で、話題が豊富というのは大事なことです。

本をたくさん読めば、知識は豊富になり、知識が豊富になれば、話題に欠くこともなく、いろいろなことを話せるようになるので、若いうちは、それである程度行くしか、しかたがないのかなと思うこともあります。

もう一つは、やはり、中国の古典でよく言われる、「木鶏《もっけい》（木鶏《ぼっけい》）」です。木でつくった鶏《にわとり》のことを言いますが、これに関する話がありますよね。

闘鶏《とうけい》といって、鶏同士を喧嘩《けんか》させる競技があるのですが、それを仕込《しこ》む闘鶏士がいるわけです。

あるとき、いい鶏が手に入ったので、王がそれを闘鶏士に預けます。そして十日たったころ、王が「そろそろ闘《たたか》わせてみてもいいのではないか？」と問うと、「いや、まだ駄目《だめ》です。自分の力を誇示《こじ》するようなところがあるから、闘鶏に出すにはまだ早い」と言われます。

また十日後に訊《き》くと、今度は、「まだまだ気負いがあって、自分が強いと思っているようだから駄目です」などと言われるのです。

さらに日がたってから、「今度はどうか?」と訊くと、「今ならもう出してもいいでしょう。生きている鶏か、木でつくった鶏か分からないぐらいです。木鶏のように動かないでじっとしていられる。ここまで来れば、もうよいでしょう。王者の貫《かん》禄《ろく》が備わりました。これを出せば負けることはまずない。もう仕上がりました」と言われます。そこで闘鶏に出したところ、おっしゃるとおりで、闘わずして相手が威圧《いあつ》されるほどになっていたんですね。

こういう話が中国の古典にありますが、例えば、頭のいい人が、戦闘意欲が盛《さか》んで、相手をやっつけることに熱心になってしまい、相手の弱点を刺《さ》して攻撃《こうげき》したり、批判したりするようなのは、「仕上がっていない鶏」という感じでしょうか。あるいは、やたらと自分の自慢《じまん》をする人ですね。「灘《なだ》高を出ました」とか、「東大を出ました」とか、「財務省へ行きました」とか言う人は、だいたいそういう感じでしょう。

ただ、こうした「気負い」があるうちは、まだ駄目なんですよ。そういうものがスーッと消え込《こ》んで、「普通《ふつう》のおじさん」との違《ちが》いが分からないというか……。例えば、カンフーなどでも、「達人」になったら、人混《ひとご》みに紛《まぎ》れてもそれだと分からないように動きますが、まだ気負って練習をしているうちは、いかにも強そうに見えるんですよね。すると、チンピラが喧嘩を売ってくるとか、暴力団が脅《おど》しに来るとかして、騒《さわ》ぎに巻き込まれるようなこともあったりします。でも、そんなことでは駄目でしょう。

要するに、「スーッと気配《けはい》を消して、普通の人みたいに通れるようになってきたら本物だ」ということです。

そうした考えが中国の古典にもありますが、私も、この道で三十六年以上やっていて、「これは、ある程度、当たっている」と思うのです。自分を背伸《せの》びして見せなければいけないうちは、本物ではないんですね。

例えば、私の説法を聴《き》きに来ている人のなかには、偉《えら》い人がたくさんいて、マスコミ界の重鎮《じゅうちん》やベテランもいれば、政治家や財界人も来ていたりします。しかし、「彼らより自分のほうが偉く見えなければ、聴かせることができない」、「折伏《しゃくぶく》しなければいけない」と思っているうちは、実は、まだ本物ではありません。

そういうものがスーッと静かに消えていって、「真理の探究者」として、「自分が突《つ》き止めた真理を淡々《たんたん》と語っていく」といったことができるぐらいになってくると、社長など、社会的にある程度、偉いと言われているような人たちとは、〝別の次元〟に存在していることになります。だから、「競争心がたくさんあるうちは、まだまだなのだ」ということですね。

大川直樹　なるほど。

総裁先生は、第一回講演会のときから、原稿《げんこう》やメモを持たず、「自分が本物の仏《ぶっ》陀《だ》であるならば、心の底から悟《さと》りの言葉が湧《わ》いてくるはずだ」と思われたと教えていただいております。そのことと、今、お話しくださった内容を合わせて考えると、総裁先生はやはりプロフェッショナルであり、視野が違うというか、立っている土《ど》俵《ひょう》が違うという感じがいたします。

東京ドームで五万人を前に話すときの感覚と自信

大川隆法　宮本武蔵《みやもとむさし》も、決闘をして勝っているうちは、まだまだ本当の先生とは言えず、戦わなくなったころに先生になっていますよね。そして、武蔵のもとにいろいろな人が訪ねてきて、「このくらいの腕《うで》なら、○○藩《はん》に仕えて、師範《しはん》ができましょうか」と訊くと、武蔵は、「君の腕ならおそらくいけるだろう」などと言ったりしているんです。

また、「私は今まで、この木剣《ぼっけん》一つで戦いをしてきたんです」と自慢した人に対して、「あんた、その程度の腕で戦いなんかするものではないよ。世の中には強い人がいくらでもいるんだ。いつ命を落とすか分からない。バカなことを言うものではない」「教師役で教えたりするのはいいけれども、命の取り合いをする戦いはするものではない」などと言うのです。六十数戦して一度も負けたことのない武蔵にして、「戦いなんて、喜んでするべきものではない」と言うわけです。

要するに、「段平《だんびら》を振《ふ》って、勝てばいいなんていっても、いつかは負けて殺されるだけだ」、「本当の達人になったら、剣さえ持たず、普通の老人のように、淡々として生きていけるといった状態でなければいけないんだ」ということを言っているので、やはり、行き着くところはみんな同じなのかなと思うんです。

私は一週間ぐらい前に、二十二年ぶりに東京ドームで講演をしてみたのですが、それに対して、いろいろな批評が出てはいます。

講演の内容自体について述べているものは、ほとんどなかったのですが、その批評の一つに、「昔は、龍《りゅう》に乗ったり、すごく目立つ格好で出てきたのに、今回はずいぶん地味ですね。何か、〝削《そ》ぎ落とした〟みたいな感じですね」といったコメントをしている人がいました。

まさしくそのとおりであって、「二十二年の時間」を私が何で表そうとしたかというと、「普通の講演のように、東京ドームで講演する」ということなんです。「二十二年たった証明」を、そういったかたちで表しました。

大川直樹　そのような思いをお持ちだったのですね。

大川隆法　〝龍〟に乗ったり、〝象〟に乗った

●東京ドームで……　2017年8月2日、東京ドームで約5万人を前に、特別大講演会「人類の選択」を開催した。

り、〝ＵＦＯ〟に乗ったりして出てくるというのには、若い人向けのパフォーマンスが入っていて、〝お楽しみ〟を込めた部分なんですよ。

五万人もいたら、話が分からない人もたくさんいるのは分かっていますし、なかには初めて来る人もいるので、「目で見て楽しむ部分が少しないといけないかな」ということで、以前は〝お楽しみ〟を少し入れてやっていたところもあるのです。それは、三十九歳《さい》のときが最後でしたけれどもね。

ただ、東京ドームでの講演会を五年で十回行《おこな》ったのですが、ドラッカー先生（守《しゅ》護霊《ごれい》）の意見もあって、やめました。彼は、「こんなことをやっていたら建物が建たない。東京ドームのようなものは、いくらお金があっても建ちはしないので、まずは自前の建物を建てたほうがいい。大きな行事はいったんやめなさい」とおっしゃったんです。

当時は、東京ドームでやっていたら、五万人が入るものを建てないと気が済まなくなって、「宇都宮《うつのみや》の田んぼを買って、〝宇都宮ドーム〟を建てようか」といった話まで出ていたんですよ。

大川直樹　（笑）

大川隆法　ただ、信者を全国から宇都宮に集めてやるのもちょっと〝あれ〟なので、まずは小さいものを建てていって、十年ぐらい建て続けたのです。

確かに、大講演会をやめなければ建物は建ちませんが、弟子《でし》が話をするとなったら、百人集めるのも大変でしたね。「集会所に百人以上集まらなくても構わない。八十人でもいいし、五十人でもいいし、三十人でもいい」といった感じになってきていたので、これについては落差があって、とても難しかったのです。

ともかく、「二十二年間の証明」としては、「人の度肝《どぎも》を抜《ぬ》くような演出をしなくても、普通に講演できる」ということです。「幕張《まくはり》メッセも、さいたまスーパーアリーナも、横浜《よこはま》アリーナも、東京ドームも、私にとっては同じです」というのが、今回の趣旨《しゅし》ではあったんですね。

大川直樹　今回の東京ドーム講演の前後もお仕事を普段どおり続けられているお姿を拝見していても、本物であること、プロであること、世のため人のために仕事をするとはどういうことなのかなどを一端《いったん》にすぎないとは思いますが、学ばせていただきました。

大川隆法　だから、だんだん枯《か》れてくると言えば枯れてはくるのだろうけれども、それは、ある意味で、自信との裏表《うらおもて》ではあるでしょう。

大川直樹　総裁先生の場合は、枯れてくるというよりは、研《と》ぎ澄《す》まされていくというか、鍛《きた》えられて、洗練されていくような感じを受けます。

大川隆法　ああ、それが、「〝削ぎ落とした〟みたいな感じですね」という言葉に込められているのかもしれませんね。「そんなに飾《かざ》る必要はない」という感じでしょうか。そういう感じが出てきたと思います。

万人規模の講演会を成功させるために必要な実力とは

大川隆法　私は二千六百数十回は講演をしていますが（収録時点）、やはり、二千六、七百回やって、やっと、そのくらいの感じが出てきているところなんですよ。「ようやくプロになってきたのかな」という感じがしています。

若い人たちのなかには、「さいたまスーパーアリーナなどで講演してみたい」とか、「東京ドームでもやってみたい」とかいうような気持ちを持っている人もいて、そうした話を聞くこともあるのですが、宮本武蔵の答えと同じで、「甘《あま》くないよ」というか……。成功したときの拍手《はくしゅ》は大きいでしょうが、失敗することだってありますからね。

大川直樹　はい。

大川隆法　緊張《きんちょう》であがってしまったり、うわずったり、内容が外れたりすることもあるでしょう。

例えば、何万もの人が来ている場合、失敗したときには、一瞬で、今まで積み重ねてきたものが全部、ダダダダダッと崩《くず》れる恐《おそ》ろしさがあります。ここまで来たのが、「大失敗したね」となったら、全部、崩れるわけです。

大川直樹　そうですね。

大川隆法　そうならないようにするには、どうしたらいいかというと、まずは、幸福の科学の東京正心館《しょうしんかん》や日比谷《ひびや》公会堂規模の講演会を百回やって、「百回とも失敗しない」ところまで行かなければいけません。「百回全部、成功させる」というぐらいの自信がないのなら、万の単位の講演会など、やるべきではないんですね。そんなことをしたら、〝早死に〟の原因になるでしょう。

実際、万の単位の講演会をやって、すぐに〝死んだ〟教祖などもいるようですが、やはり、それくらいの緊張とストレスはあります。

一般《いっぱん》には、宗教が表のほうで認められることは少なくて、裏側で密《ひそ》かなファンたちを集めて、外では通じない不思議なことや月刊「ムー」のような話をしつつ、やっているのが普通なんですね。ところが、大講演会となると、表に出てくるわけです。

例えば、今回の東京ドームの講演会であれば、テレビや新聞社、週刊誌等もたくさん入ってきていましたから、「政治家に対する批判並みにきついことを書こう」、「どこかの言葉尻《じり》を捉《とら》えて叩《たた》いてやろう」と狙《ねら》えば、やれないことはありません。

大川直樹　はい。

大川隆法　ただ、大勢の人が見ているなかでの講演であるので、もし、書いていることに公平性があまりないというか、講演を聴いた人から見て、「この講評は、あまりに外れているのではないか」と思われるところまでは書けないんです。攻《せ》めるとしても、「全体のなかで、ここはちょっと○○だった」というぐらいでしょう。「そうしたことも含《ふく》めて、成功レベルまで行っているかどうか」まで要求されるんですよね。

ここまで来るには、やはり、あらゆるかたちの講演、説法、人生相談等をやってのけてこないといけないわけですが、そう簡単なことではないんですよ。

大川直樹　そうとうの熟練度が必要なのですね。

真剣勝負《しんけんしょうぶ》の質疑応答をこなすために必要な「心構え」と「努力」

大川隆法　例えば、質疑応答のときに、全然分からない質問が一つ出ただけでも、けっこうパニックになるものです。

以前、東京正心館で支部長交流会を行《おこな》った際に、弟子たちだけで質疑応答の時間を取ったんですね。それで、今はどうか知りませんが、当時は、幹部職員が二十人も前に並んだりしていました（苦笑）。

大川直樹　そんなことが……。

大川隆法　要するに、局長たちが勢揃《せいぞろ》いして、「全員並んでいたら、難しい質問をされても、誰《だれ》かは答えられるだろう」ということです。それはそうでしょうね。そのうちの誰かは答えられるだろうとは思います（笑）。

あるいは、しばらくやめていた大きな講演会を、二〇〇七年ごろに復活しようとしたときには、こんなことがありました。

確か、東京正心館あたりから始めたと思うんですが、しばらく間《あいだ》が空《あ》いて感覚が分からなくなっていたんでしょうね。運営側が、弟子の行事をやっている感覚でいたらしく、講演会の前日に、わざわざ質問する人に質問の内容を訊いてきて、国会の〝想定問答《もんどう》〟のように、それを全部上げてきたんです。

ただ、私は、そうしたことはしたことがありません。一万人の会場でも生《なま》で質疑応答をしていたので、「こういうことは必要ございません」と言ってお返ししたんです。そのように、以前のことを忘れて、そうしなければできないと思ってやっている人もいました。

「生で質問を受ける」というのは「真剣勝負《しんけんしょうぶ》」なんです。剣で斬《き》られたら血が出ますからね。

大川直樹　はい。

大川隆法　そこまで行くには、やはり、自分に対して、十倍、百倍の要求度がなければいけないということですよ。

また、自分が期待していたものとは違う反応や質問が出たときに、その相手をバカにしたり、ケチョンケチョンに言ったりすることで、自分の優勢を保とうとするような卑怯《ひきょう》な心になってはいけません。先生としては、力に差があるのは当然なので、「相手の弱点を攻めて切り抜ける」といったことをしてはならないのです。やはり、それだけの心の余裕《よゆう》を持つべきですね。

ともかく、一回一回、行事をやって実力をつけていくこと、自分で「よくなかった」、「十分でなかった」と思うところについては、勉強を進めていくことが大事だと思います。私の感じとしては、こんなところでしょうか。

万の規模の会場で講演会をするのは、千人や二千人の会場で百回やって、百回成功するだけの自信がなかったら、やめておいたほうがいいですよ。失敗した場合には、一気に信用を失うし、教団としてもガタッと信用をなくしますからね。

「聴衆《ちょうしゅう》の八割の人」の心をつかみつつ、「通好《つう》み」向けの〝きつい球《たま》〟も

大川隆法　マスコミも、私の講演をテレビで放映しなかったとしても、テレビカメラで撮《と》ってはいるので、「これは攻撃材料になる」と思った部分だけを流せば、それで〝落とせる〟わけですよ。

大川直樹　そうですね。

大川隆法　例えば、政治家の場合、一カ所失言をしたら、それを繰《く》り返し繰り返し一週間も放映されて、新聞や週刊誌にまで書かれて追い込んでいかれますよね。実に怖《こわ》いものですが、やはり、隙《すき》はあるわけです。

そのため、「失敗したように見えても、実は失敗ではない」というところで止《と》めなければいけないんですよ。

私は、説法や質疑応答のなかで、失敗したような言い方をしたり、ちょっと言い間違えたように見せたりするときもあります。でも、実際は、本心が違うところにあって、わざと外して「ボール球《だま》」を投げて、「感じ取れ」と言っている場合があるのです。「ああ！　言い間違えました！」などと言っていますが、実はわざとであって、ちゃんと、ギリギリで外してボール球を投げているものもあったりします。「その感覚も感じ取れ」と言っているところがあるんですよね。

最初は、とりあえずストライクを入れなければいけませんが、ストライクばかりではなくて、配球として、ときどき、ボール球で釣《つ》ってみたり、ギリギリで外してみたりといったことまでできないと、プロではないですね。

大川直樹　そのようなところまで、考えられているのですね。

大川隆法　だから、一生懸命《いっしょうけんめい》に話をしながらも、みんなの反応を見て、「難しすぎるかなあ」とか、「レベルが低すぎるかなあ」とか、「この年齢《ねんれい》の人にこの話題は無理かなあ」とか、こうしたことを確認して、難しさに〝変速〟をかけていったり、話題をちょっとずつ変えてみたりします。「どのあたりが、八十パーセントぐらいのメインターゲットに当たるか」を、ソナーで魚群探知をしているような感じですね。「全部は押《お》さえられないけれども、全体の意識のうちの八十パーセントぐらいのところまでは押さえる」ということをしています。そうしたことが分からなければいけないですね。

例えば、東京ドームで五万人を相手にするなら、まず、そのうちの八割について、「だいたい、この範囲内で、まあまあの評価はしてくれるのではないか」と思うところを押さえます。

ただ、古手《ふるて》の信者など、〝プロ好み〟の人のために、たまには〝きつい球〟も少しは入れておかないといけません。古くからいる人たちが、「なんだ、いつもと同じ話か」と思って帰らないように、〝そういう球〟も一つ入れるんです。しかし、新しい人が見て、「気が狂《くる》っているのではないか」とまで思われたらいけないので、ほかの部分で、そうではないところをちゃんと言わなければいけないんですよ。こういう全体のバランスは取らなければいけないでしょうね。

大川直樹　聴衆《ちょうしゅう》全体を見るバランス感覚も大切なのですね。

大川隆法　そのためには、厳しいけれども、自己鍛錬《たんれん》を続けて、相手の反応を見ながら調整してやれるような、「余裕の部分」をつくることです。

ただし、これは、そう簡単にできることではないとは思いますね。

条件⑤ 感化力につながる「謙虚《けんきょ》さ」

「自惚《うぬぼ》れ」でも「自己卑下《ひげ》」でもない状態か？

大川直樹　「どのようにして、相手の反応を見つつ、八割以上の方に届く説法《せっぽう》をするか」というお話から、「われわれが教育者として立っていくときに、どのように人に伝えていけばよいか」という考え方について学びを頂いたように思います。

大川隆法　私の父である善川三朗《よしかわさぶろう》名誉《めいよ》顧問《こもん》が、在世中に、「総裁の説法は、毎回、変わっていくし、レベルが上がっていくような気がするけれども、『誰《だれ》もが、自分のことを言われている気がする説法』になっている。大きな法、大法《たいほう》はそうなんだ」と言っておられました。特定の個人に向けた話ではなく、ほかの人にも当てはまる話をしているんですよね。
ところが、そんな名誉顧問なのに、あるとき、私が、「与《あた》える愛というのは、相手を縛《しば》る愛、トリモチのような気持ちで相手を捕《つか》まえる愛ではないんだ」といった話をしたら、怒《おこ》り出してしまったことがありました（笑）。

大川直樹　（笑）

大川隆法　要するに、「自分のことを言われた」と思って、怒ったりしたんですよ。私としては、「与える愛の定義」を述べただけなのですが、怒ってしまったのです。他人《ひと》のことであれば分かるのに、自分のことになると、けっこう〝くる〟こともあって、なかなか難しいですよね。

大川直樹　ただ、われわれからすると、総裁先生の講演会では、「自分に伝えてくださっているんだ」といったところで、感動したり、「もっと学んでいきたい」という思いに発展したりすることもあるようには思います。

そういう意味で、もちろん、総裁先生と私たちのレベルは違《ちが》うと思うのですが、私たちが、八割の人に向けて、少しでも言葉を伝えられるような教育者、宗教家になっていくためには、どういったポイントを心掛《こころが》けていったらよいのでしょうか。

大川隆法　やはり、勉強が進めば進むほど、普通《ふつう》、人は自惚《うぬぼ》れますよね。自惚れて、慢心《まんしん》するし、自慢もしたくなるし、自分が賢《かしこ》いところや偉《えら》いところを口走りたくなるものです。

ところが、一定のレベルを超《こ》えると、そうした、ちょっとした心の隙《すき》、つまり、浮《うわ》ついたところや自慢気《げ》に言ったところなどを、必ず〝刺《さ》して〟こられます。

偉くなければ刺されませんが、偉くなってくると、そういう隙の部分を必ず刺してこられるんです。

したがって、「実るほど頭《こうべ》を垂れる稲穂《いなほ》かな」というように、勉強が進み、悟《さと》りが進み、修行《しゅぎょう》が進めば進むほど、「謙虚《けんきょ》」になっていくことが大切でしょうね。

ただ、それは道徳的には理解はできると思うのですが、実践《じっせん》としては、実際、簡単にできることではないんですよ。自慢の心はみんな出てくるし、どうしても一言《ひとこと》言って飾《かざ》り立てたくはなるものなので、そのへんについては気をつけたほうがいいでしょう。

これは、マイナーなレベルから大きなレベルまで、本当にいろいろありますが、一般《いっぱん》法則として言えるのです。やはり、あまり自慢をしすぎるようになると、成長が止まってくるので、「勉強すればするほど謙虚になっていく気持ち」が大事ですね。

もちろん、その謙虚さが自己卑下《ひげ》にまで行った場合は「要注意」であって、ブレーキをかけなければいけません。

ただ、成長したかったら、謙虚でなければならないとは思うのです。

他人《ひと》の迷惑《めいわく》を顧《かえり》みず、自慢話《じまんばなし》をしていた灘《なだ》高生

大川隆法　例えば、学生レベルの話として、私は四十年以上も前に、こんな経験をしたんですよ。

ちょうど、東大入試オープン、要するに、東大を受ける人向けの模試が始まった年に、それを受けに行ったときのことです。そうしたところには有名校の生徒がたくさん集まってきていますよね。私は関西のほうで受けたのですが、灘《なだ》高の人たちもたくさん来ていました。

そのため、電車に乗ると、その一両に灘高生がたくさん入ってきていて、「灘では……」というような感じの自慢話《じまんばなし》をウワーッとしていたんです。模試を受けたあとに、「あれは簡単だったな」とか、「あの問題は、ちょっと〇〇だった」とか、〝灘高談議〟をほとんど独占《どくせん》状態でやっていました。

大川直樹　私の学生時代にも同じような人たちはいたような気が……。

大川隆法　すると、近くにいたおじさんが、彼らに向かって、「おまえらなあ、灘高か東大か知らないが、偉そうに言うんじゃないよ。ほかのお客が迷惑《めいわく》しているのが分からんのか！」と言ったんですね。

これは、そのとおりでしょう。自分たちが灘高生であることや、東大に行こうとしていることを、一般の客にまで知ってもらう必要なんかありません。そうやって迷惑をかけるべきではないですね。

私は、そのことを、四十数年たってもいまだに覚えています。

電車のなかで東大生を非難していた男性

大川隆法　また、東大に入ってからあとのことですが、渋谷《しぶや》から駒場《こまば》東大前を通って吉祥寺《きちじょうじ》に行く井《い》の頭《かしら》線というのがあるんですね。その電車には東大生がたくさん乗っているのですが、当時、私は渋谷のほうに行く用事があったか何かして、東大生が降りたあとの電車にそのまま乗っていたんです。それで、同じ車両には、背が低くて、ちょっと酔《よ》っ払《ぱら》い風の、「もしかしたら、ホームレスかもしれない」というような外見のおじさんがいたんですね。その人は、立っている乗客がつかまるための棒のところで、周りの人にくだを巻いているようでした。

言っていたのは、こんなことですよ。

「東大生がよお、偉そうに言うんだよなあ。俺《おれ》はさあ、『自衛隊ぐらい持ってなきゃあ、日本海から韓国《かんこく》兵が這《は》い上がってきたとき、どうするんだ！』って言ってるんだけど、東大の学生は偉そうに、『憲法違反《いはん》です。そういうことは駄目《だめ》です！』とか言いよるんだ。だけど、実際に来たら、どうするつもりなんだ！　自分らは頭がいいと思ってるのかもしらんし、俺は憲法なんか知らねえけどさあ、実際に韓国軍が上がってきたらどうするんだよ」

まあ、こういったことを言っていたのを覚えています。あまりよい態度だったとは思いませんが、周りの人の同意を得るために、そんなことを言って、東大生を非難しているおじさんがいたわけですね。

確かに、東大では、「憲法九条により、日本は戦えないことになっています」と教えているので、おそらく、東大の学生は、このおじさんにそういうことを言ったのでしょう。

それは一九七〇年代のことですが、一九五〇年代、まだ自衛隊ができる前に、韓国の大統領（李承晩《りしょうばん》氏）が「李承晩ライン」という〝国境線〟を引き、今も問題になっている竹島《たけしま》は、〝韓国領〟としてあっという間に組み込《こ》まれてしまったんです。そうしたことが現実にありましたからね。

大川直樹　はい。

大川隆法　今でも、そういう恐《おそ》れについては、十分に考えておかなければいけないでしょうね。

だから、当時の学問としての憲法の解釈《かいしゃく》としては、東大生の言うとおりです。一九七〇年代当時の憲法解釈であれば、「自衛隊は戦えない」、「憲法違反である」というのが、いちおう通説に近い考えではありました。

しかし、おそらく学歴のない、職もあるかどうか分からないおじさんが言っていた、「もし、韓国軍が日本海から這い上がってきたら、どうするか」というのは、実は答えなければいけないテーマではあるんですよ。「憲法違反は結構だけれども、では、どうするのかを答えろ」ということですね。

そのように、東大生が降りたあとに、「東大生たちは、本当に頭がいいのか?」と言っていたのを見て、いまだに頭に残っています。もう四十数年も前の話ですけれどもね。

大川直樹　現在においても、考えさせられるお話だと思います。

大川隆法　ちなみに、私も高校生時代は、どちらかというと、「自衛隊憲法違反説」のほうに近かったんです。左翼《さよく》の牙城《がじょう》である京大の哲学科《てつがく》に行っている兄が、「そうは言っても、自衛隊がないと、万一《まんいつ》のときは困るのではないか」と言っているのに対して、「そうかなあ？」と思っていました。私も、いわゆる戦後平和教育を受けていますから、「自衛隊はないほうがいいのではないか」、「憲法違反をしているのではないか」などと思っていたのです。

しかし、一年ちょっと勉強したら、「これではよくないな」と考えるようになりましたけれどもね。

そのころ、対ソ連との戦いの予想や、自衛隊が有事《ゆうじ》には超《ちょう》法規的に戦うということが雑誌に載《の》ったとたんに、防衛の責任者のクビが飛ぶといったことがありました。しかし、当時の自衛隊や防衛庁は、それについて、実際上は研究していなければいけないでしょう。それが明るみになって、クビになるわけです。

その後、何十年もたってからでも、自衛隊のトップが、「戦える自衛隊が当然だ」といったことを論文で発表したら、責任を追及《ついきゅう》されたりしています。こういう二重性が、けっこうありましたね。

「人間学の成長」なくして、多くの人に感化を与《あた》え続けることは難しい

大川隆法　要するに、言いたいことは、「若いころから年を取るまで、人間の賢さというのは、そんなに単純ではない」ということです。

学問的に正しかったり、よく知っていたりしても、経験値から見て、おかしいと思われるような議論をはね返すだけの何かを持っていなければいけないですよね。

例えば、勉強を学問的にやって、知識だけ増えてきても、それは机上《きじょう》の空論《くうろん》でしょう。それを取り除いて、「一般的に、これはどうなんですか？」と訊《き》かれたときに、「そんなことは考えたこともない」というような態度では、教師として人を教えるには足りないところがありますよね。

大川直樹　そうですね。職業を批判するわけではないですが、それが、評論家や批評家と、教育者や指導者との違いの一つかと思います。

大川隆法　そうですね。

私の講演会の場合、信者や一般会員も聴《き》きに来ていますが、まったく初めての人も来ているので、いちおう、「自分が話したことに対して、何を言われてもしかたがない」という開き直りの下《もと》で話してはいます。ただ、法話《ほうわ》の内容が全部は分からない人に対しても、どこかについては何らか分かる部分がなければいけないでしょう。

また、私の意見が、聴いている人の考えと反対の場合もあるわけですよ。そういう、反対のことを言うときに、弟子《でし》はストレートにパシッと言いがちなんですね。しかし、私は言い方として、「相手の考えを一部斟酌《しんしゃく》した上で、反対のことを言っている」ことが伝わるような言葉選びをしています。要するに、私の意見に対して、反対の意見があることは知った上で言っているわけですね。このへんが難しい部分ではあるかなと思います。

大川直樹　はい。

大川隆法　やはり、特定の学問領域であっても、教師という職業に就《つ》いた場合、基本的に、「人間学の成長なくして、多くの人に感化を与《あた》え続けることは難しい」ということになりますかね。

大川直樹　ありがとうございます。

条件⑥ 世界基準の「平等観」と「公平観」を持つ

ニューヨークで受けたショック――日米の「平等観」は違《ちが》う

大川直樹　「教育者の条件」というところで、教育者にとって、「人を育てる」ということが一つメインテーマになるかと思います。

そこで、人を育てる前提として、人を正しく評価するために、「総裁先生が、どういうポイントで人を見てこられたのか」について教えていただければ幸いです。

やはり、教育者の視点として、いろいろな人を正しく見ていく目を持っていないといけないのではないかと思っていますので、そのあたりについて、何かお考えをお伺《うかが》いできればと存じます。

大川隆法　自分の感覚が正しいのかどうかは分かりませんが、私自身が以前とは変わったと思う面があるんですね。何度も話していますが、社会人になってわりに早いうちに、一度、ニューヨークに行ったことがあるんですよ。そのときに、アメリカ人の感覚と日本人の感覚との違《ちが》いをはっきり感じたんです。その違いを日本で仕事をしている人たちに伝えるのは、とても難しいんですけれども。

やはり、ニューヨークというのは「人種の坩堝《るつぼ》」ですから、移民もいれば、いろいろな人がいるんですが、ニューヨークにいる人たちは、基本的に、「人間としての尊厳はみんなにあって、それについては平等で対等なんだ」と思っているようなんですよ。

要するに、「仕事など、上下関係があるようなところにいる場合は、そういう関係はそのとおりだけれども、そこを離《はな》れたら、人間としては対等なんだ」というのです。例えば、会社では上下があるから、仕事は上から下に命令して、やってもら

●ニューヨークに……　商社時代、ニューヨーク本社に派遣され、ワールドトレードセンタービル（北塔）の40階で1年間ほど勤務した経験がある。

わないといけないし、先生と学生が違うのは当然のことでしょう。しかし、「そこから離れた場所で、オフのときに付き合った場合には、人間としては平等なんだ」というわけです。

つまり、「仕事の領域で、自分が教える立場や上の立場にいるときに、相手に対して指導するようなかたちで意見を言ったり、批評したりするのはよい。それは仕事なのでやっていいけれども、それを外れた場合は、国籍《こくせき》や肌《はだ》の色、言語の違い、年齢《ねんれい》、男女の差に関係なく、人間として対等なんだ」という感じを強く受けたんですよ。これが一つですね。

結局、日本にいて感じる「平等」というのは、本能的に〝結果平等〟を意味しているんですね。「みなと同じでないと、村八分《むらはちぶ》になって村から追い出される。そうならないように、同じでなければいけない」というような結果平等的なものを、みんな本能的に平等だと思っているんです。

ところが、アメリカへ行って感じたものは、そうではなかったんですよ。「人間としての「尊厳」ということについては、アメリカ人には、「神によってクリエイト（創造）された」という意識があるから、「われわれは、被《ひ》造物の立場としては平等なんだ」という考えを持っているらしいということが分かったんですね。

文化的ショックを受けた、アメリカ人の「公平感覚」

大川隆法　それと、もう一つは、アメリカ人は、「同じ競争条件を与《あた》えられたときに、その結果、上下の差がついたり、収入に差が出たりするのは、フェア（公平）なことなんだ」という考え方を持っているんですよね。「それがフェアなのであって、差がつかなかったらおかしいではないか」というのです。

大川直樹　なるほど。

大川隆法　彼らにはそういう考えがあるんですが、日本では、そういうことは誰《だれ》も言ってくれないでしょう。要するに、アメリカ人には、「平等」であったとしても、「公平かどうか」という観点がもう一つあるわけです。

だから、「ある人がチャンスを与えられて、その結果、差ができたとしても、それは、努力に差があって、才能に差があったからだ。その結果、こうなったのなら受け入れなければいけないのではないか。受け入れないのは卑怯《ひきょう》な態度だ」というように来るんですよ。

そのように、アメリカというのは平等な国であるはずなのに、いちおう値打ちや値段が測られていて、「この人には、こういう仕事」という割り当てが来ると、自分の分《ぶん》を守って、その仕事をやっていきます。でも、それより上のところに移りたければ、それだけの資格を取るなり、実績をあげるなりして、交渉《こうしょう》して認めてもらう必要があるんですね。そのせいか、「自分の範囲《はんい》を超《こ》えたことについては、やらない」というようなところもありました。

私も、頭では何となく分かっていたのですが、やはり、文化的ショックは受けましたね。

そういう意味で、アメリカ帰りの上司たちには、そんな感じが少し残っているんですよね。叱《しか》るべきときは叱るけれども、それ以外のところでは、すごくフレンドリーで、フリーな感じがあるんですよ。

それが、私にも入ってはいるんです。例えば、若い人と接するときにも、「自分のほうが、頭がいいか悪いか」とか、「年が上か下か」とか、「経験が多いかどうか」とか、客観的には、いろいろあるだろうとは思うのですが、そういったことは度外視《どがいし》します。やはり、そういう立場ではなく、「『人間 対 人間』として相対峙《あいたいじ》している」というところは同じですからね。このへんに、自分もそうしたことを学んだところがあるんだなと感じます。

ニューヨークの銀行のテラーが、若い私のために怒《おこ》ってくれた

大川直樹　そのように、「人間 対 人間」というかたちで接することができれば、

教育者としても、人が自分よりも育っていくというか、自分を超えていくことに喜びを感じられると思います。やはり、そういった視点を持っていないといけないのではないかと思うんですね。

大川隆法　うん。それもありますね。指導者がそれを教えてくれる場合もあるでしょう。

しかし、アメリカでは、逆に、「それほど偉《えら》くない人が、フェアネス（公平）の立場で、人の扱《あつか》いや評価について意見を持っている」ということもあって、それも一つのショックではありました。

大川直樹　そうなんですね。

大川隆法　以前にも話したことがありますが、私は、当時、オフィサー（幹部社

●以前にも話したことがありますが……　『青春の原点』（幸福の科学出版刊）等参照。

員）としていちばん若かったので、「雑用もやれ」と言われていたんですよ。

要するに、日本人は英語をあまり話せないので、外国人に雑用をさせるのは、けっこう難しいんですよね。決まったものはさせられるけど、それ以外のプライベートな雑用は、「ちょっとやってきてくれ」というようには頼《たの》めないので、どうしても日本人のいちばん若い人に頼んでくるわけです。

例えば、先輩《せんぱい》たちは、銀行に行ってお金を下ろしてくる暇《ひま》がないので、「おまえ、銀行に行く用事はあるか」などと訊《き》いてくるんですよ。それで、何人かの人から、「ついでに俺《おれ》の分も現金で下ろしてきてくれ」などと頼まれて、ときどき、近くの銀行に行ったりしていました。

ところが、あるとき、銀行のテラー（窓口係）の人が、「これは、あなたの小切手か」と訊いてきたんですね。それで、「いえ、違います。会社の上司のものです」と答えたら、「あなたは、何回もこれで来ているな。彼ら（上司）は悪い」と言うのです。“They《ゼイ》 are《アー》 bad《バッド》! They《ゼイ》 should《シュッド》 come《カム》 down《ダウン》 here《ヒア》!”（「ワン・ワールドトレードセンターの上の階から降りて来い」という意味）と言って、怒《おこ》るんですよ。

大川直樹　そのようなことが……。

大川隆法　そして、「あなたが言えないのなら、私がここから職場に電話をかけてやる。名前を言え。そいつに電話をかけてやるから。そいつは間違っている！　こんなのは自分でやれ！」と怒っていました。

それで、私が、「いや、でも上司なんです」と答えると、「上司であっても、これは、あなたの仕事ではないだろうが」と言うので、「ええ。それは、そのとおりです。サービスでやっていることです」と説明したのですが、ものすごく怒るんですね。

あれは、ショックでした。日本では一度もない経験でしたね。テラーというのは、それほど偉い人たちではないというか、高学歴ではない人たちだと思うのですが、そうやって怒ったことがあったんです。

日本式の〝雑巾《ぞうきん》がけ〟を否定された体験

大川隆法　あとは、日本人のいちばん新米で行くと、最初に雑用全般《ぜんぱん》を一通りやらされるんですね。日本には、〝雑巾《ぞうきん》がけ〟というのがあるから、雑用を全部やらされるんです。

例えば、当会の支部の庶務《しょむ》担当の人もやっているでしょうが、その〝雑巾がけ〟のなかには、コピーマシンの用紙が切れたり、コーヒーマシンのコーヒーが切れたり、カップが切れたりしたときに、それを補充《ほじゅう》する仕事があるわけです。そういったことは、すぐに、「おまえ、やれ」と言われるので、走っていって、やったりしていました。

ちなみに、私はオフィサーだったので、部下としてアメリカ人の秘書が何人かいたんですね。ところが、コピーマシンや、コーヒーマシンの補充をしたりしている姿を見ているから、私が「東大を卒業している」と言っても、その秘書たちは、「ジョークが過ぎる。ハーバード出《で》は、絶対そんなことはしない」と、口を揃《そろ》えて言うんですよ。私がいくら、「いや、ハーバード出はしなくても、日本の東大出はするんだ」と言っても、「いや、それは嘘《うそ》だ。絶対ありえない。ハーバード出にそんなことをさせたら、すぐに辞《や》めるから」ということでした。

要するに、日本の〝雑巾がけ〟を否定されたわけですが、そういう考えも、一つあるでしょうね。

大川直樹　なるほど。

アメリカ人の「平等観」「公平観」の今昔《いまむかし》

大川隆法　また、私のいた財務部と経理部とはつながっていたので知っているのですが、当時、経理部のほうに、大学院でＭＢＡ（経営学修士）を取って、公認会計士の仕事をしている人がいたんですよ。その人はアメリカ人で、まだ二十九歳《さい》ぐらいだったと思うのですが、〝箱〟（個室）をつくらないと許しませんでしたね。

実際は部長ぐらいのレベルなのに、いちおう、「バイスプレジデント（副社長）」という名のタイトル（肩書《かたがき》）を与えないと怒るんですよ。それで、「バイスプレジデントだから」ということで、〝箱〟を要求するわけです。〝箱〟というのは、「下のほうは見えなくて、上のほうはガラスになっている部屋」ですね。ドアがついていて、そこから入れるんです。

さらに、秘書もつけないといけないんですよ。そうした人は、自分の秘書を連れて歩きますからね。それは、会社が変わってもそうなんですが、ともかく、二十九歳ぐらいであっても、秘書と〝箱〟を要求するわけです。

そういう人は、ドラッカー先生の経営学で言うとおり、仕事がそれほどできるわけではありません。ただ、そういう待遇《たいぐう》をしないとほかの会社に移るので、しかたなく、給料とポジションを出すんですね。

大川直樹　日本とは考え方が違いますね。

大川隆法　日本人の場合は、我慢《がまん》するので、そういうことをしなくても済みます。しかし、アメリカ人の場合は我慢しないですからね。

例えば、営業などでも、トップセールスマンになったら、ニューヨーク本社の社長の給料と、そのトップセールスマンのアメリカ人の給料とが同じだったりするわけです。日本ではありえないことですが、アメリカではありえるんですね。それを認めずに、給料を下げると、「自分は、これだけ稼《かせ》いでいるのだから、このくらいもらわないと困る」と言って、ほかの会社に行くか、独立するか、必ずします。

そのため、社長と同じ給料を営業員がもらっているんですよ。もちろん、日本人の場合だったら給料はもう少し下げられていますが、アメリカでは、そういうこともありました。

彼らは、「平等性」と「公平性」という二つの座標軸《じく》を持っていて、「それに対して、その人の評価がどうあるべきか」ということを、みんな考えているわけです。ですから、ある人の評価について、その人が正当に扱われていなかったら、下の人も上の人も、あるいは、同僚《どうりょう》でも文句《もんく》を言います。もちろん、本人も文句を言いますが、アメリカはそのような国でした。

その意味で、日本的な行動というか、「沈黙《ちんもく》は金《きん》」ではなかったところはありますね。そのへんについては、すごいショックを受けました。

アメリカの「レディーファースト」は、過去の伝統？

大川隆法　今は、アメリカあたりでも、かなり時代が変わっているらしいですね。例えば、「レディーファースト」と思って、女性をエレベーターなどに先に乗せたり降ろしたりすると、逆に怒る女性もいるようなので、気をつけないといけないと言われています。

大川直樹　その理由の一つとして、「女として扱われているという感じが嫌《いや》だ」と考える女性もいると聞いたことがあります。

大川隆法　ただ、私がニューヨークにいたころは、当時のワン・ワールドトレードセンターの大きなエレベーターから、女性より先に出たり乗ったりしたら、つかんで引きずり戻《もど》されましたよ。それで、「おまえは野蛮人《やばんじん》か」と言われたりするので、何回かやられるうちにだんだん怖《こわ》くなってきます。

そのせいで、日本の本社に戻ってからも、エレベーターに乗るときに、女性が全員乗り終えるまで、じっと立っていて、それを見終えてから乗っていたのですが、今度は「おまえはバカか」と言われました。

要するに、女性のほうが乗ってくれないんですよ。こちらは女性が乗るのを待っているのですが、向こうも男性が乗らないので、乗らずに待っているわけです。そうなると、今度はエレベーターが動かないので、怒られたりしました。
同じ人間が、向こうでは〝女性ファースト〟、「レディーファースト」をやって、日本に帰ったら、〝男性ファースト〟をやっているんですよ。このへんについては、変わり身は早いけれども、真理かどうかは分かりません。

大川直樹　そうですね。

大川隆法　ただ、それはアメリカの伝統だったと思うのですが、今は、アメリカでも「レディーファースト」を露骨《ろこつ》にやると怒る人もいるらしいですね。このへんは、もう一回、勉強しないと分からないところです。最近の経験者に訊かないと分からないかもしれません。

〝さん付け〟のカルチャーは、アメリカ的人間観に基《もと》づくもの

大川隆法　ただ、その人間観には揺《ゆ》さぶりを受けたので、やはり、そうしたものは残るものですね。若いころに受けたものではありますが、今でも、私は、若い人たちと会うときには、いちおう、同じような目線で話をしたりはしています。

ちなみに、以前、芸能部門の愛染美星《あいぜんみほし》さん（幸福の科学メディア文化事業局スター養成部・芸能系信仰《しんこう》教育担当局長　兼《けん》　ＨＳＵ講師）が、「（大川隆法）総裁先生は、年下の人に対しても〝さん付け〟で呼ばれます」と言っていましたが、それはそのとおりではあるんです。私は、年上の人にも年下の人にも、「さん」で呼んではいましたね。

ただ、よその会社から幸福の科学の職員として来た人のなかには、やはり、「局長と呼べ！」と言ったり、年下の人を「○○くん」と呼んだりする人はいました。その会社のカルチャーなんでしょうが、はっきり言って、役所系の人にも、そうい

う人は多かったですね。
一方、私が年下の人も「さん」で呼んでいるのは、私がいた商社では、そうしておかないと、「上下が入れ替《か》わる」ということが、しょっちゅうあったからなんです。〝若い〟と思ってなめていても、その人が上がってくることがあるので、そのあたりはフラットにしておかないといけなかったんですよ。
日本だと、年功序列で一年ごとに立場が上がっていって引っ繰《く》り返らないケースが多いわけです。だから、〝くん付け〟で呼んでいてもいいのでしょうが、〝くん付け〟で呼んでいた相手が上になったら、とたんに、会社にいられなくなりますよね。

大川直樹　そうですね。

大川隆法　そういうところもあるので、やはり、「平等観」と「公平観」のところには、〝禅問答《ぜんもんどう》〟のようで、なかなか上手には伝え切れないところはあるかもしれません。

大川直樹　はい。確かに難しいとは思います。ただ、「公平に接してくれる」とか、「〝さん付け〟で呼んでくれる」とかすると、やはり、「自分を一人の人間として認めてくれている」というような信頼《しんらい》感があります。

結局、教育者にとっては、周りの人が信頼してくれることが感化力につながるはずなので、ここも、教育者としての一つの条件なのではないかなと思います。

大川隆法　うん。

条件7 人間としての「正直さ」「誠実さ」

経営学者ドラッカーが説く理想の上司像

大川直樹　では、最後に、「教育者として、どのような人材を養成していくべきか」ということについて、お話をお伺《うかが》いできればと思います。

大川隆法　やはり、そうした人材に求めるものとしては、「誠実さ」や「真面目《まじめ》さ」、「できるだけ公平無私であろうとする態度」でしょうか。こういったものを持った人が望ましいなとは思いますね。あまり裏表《うらおもて》がないタイプのほうが、よろしいとは思います。

あるいは、全体的に見るのなら、「その人のところに部下を預けておけば、結果として、必ず人材が育ってくる」というような人はいいですね。仕事において、「本人がプレーヤーとして点数を入れることができる」というだけではなくて、「その人に預けておくと、人材が育ってくるような人」というのは、やはり評価されるべきではないかと思うんです。

そうではなくて、人をパンッとはじき出して、自分が目立つような発言をしている人ばかりが上になっても、あまりよくないでしょう。「その人のところへ預けると、人材が育つ」というような人は、やはり望ましいなと思います。

これも、先ほど述べた経営学者のドラッカー先生の言葉ですが、「『この人のところであれば、自分の息子《むすこ》を預けても構わない』という人は、やはり、尊重すべきだし評価すべきだ。一方、『あの人の下には、とても怖《こわ》くて、自分の息子を預けられない』という人を評価してはいけない」というようなことを言っています。それは、知識や経験、人格などを含《ふく》めた全体面での評価でしょう。

大川直樹　はい。

大川隆法　そのように、トップが「自分の息子を預けてもいいかな」と思うような人にならないと、やはり、人材としては育っていかないのではないかと思います。

慶應《けいおう》卒が、東大卒や早稲田《わせだ》卒と比べて違《ちが》うところとは

大川隆法　それから、自分自身は、経歴や条件に十分なものがないにもかかわらず、特別な運に恵《めぐ》まれて、たまたま出世することもあると思うんです。

しかし、それを、みんな同じように見るタイプの人は、少し困るんですよ。やはり、特殊《とくしゅ》条件によって、そうなった人と、そうでない人とを、きちんと見分けてくれないと困りますね。

実例が少ないので、間違《まちが》っていたら申し訳ないとは思うのですが、当会を三十年余りやっているなかで、「私の評価があとで変わった人」には、慶應《けいおう》の卒業生が多

かったんです。いろいろな人が入ってきましたが、そのほかの人はそれほど評価が変わりません。ところが、慶應の卒業生の場合は、評価が変わることがわりに多かったんですね。

その意味で、「彼らが、もう一つ違う価値基準を持ち込《こ》んでいるらしい」ということは分かります。

というのも、彼らは、若い時分は実に対人関係が上手なんですよ。例えば、上に気に入られたり、年上に対して礼儀《れいぎ》正しく接したりすることも上手です。あるいは、チームで議論とか勉強会とかをすると、すごく頭がよくて、できるように見える発言をしたり、質問をしたりするんですね。「うわっ。こいつ、頭がいいのかな」と思うのは慶應大卒の人が多いんです。

大川直樹　そうですか。

大川隆法　そのときに、やや過大評価してしまうんですよね。ところが、それで立場を上げてみると、今度は下にいる人に対して、やたらと意地悪なことを言ったり、理不尽《りふじん》なことを言ったり、いじめたりすることがあるんです。

そのように、慶應の卒業生には、けっこう人格が急変するような人が多くて、これは少しショックでした。慶應では、〝世渡《よわた》りの術《じゅつ》〟を教えているのかもしれませんが、ほかの大学の卒業生にはあまりないことなので、「ええっ！」という感じだったのです。

大川直樹　すべての慶應生に当てはまるわけではないと思いますが、一部にはそういう方がいるのですね。

以前、●福沢諭吉《ふくざわゆきち》さんの霊言《れいげん》にも、そうした学閥《がくばつ》のようなものがあるという話はありました。

●福沢諭吉さんの霊言……『福沢諭吉霊言による「新・学問のすすめ」』（幸福の科学出版刊）参照。

大川隆法　確かに、そういう慶應閥でタッグを組んで、縦横の関係をつくっているのかもしれません。横の業界から縦のところまで、「引っ張る」という感じでやっているので、そことうまくやっていれば上がれるようなシステムを組んでいるのではないでしょうか。

東大の場合、「引っ張る」ということもありますが、〝右〟から〝左〟にまで分かれて敵になる場合もあって、けっこう〝個人戦〟が多いんですよ（会場笑）。

例えば、東大出《で》は、自民党から共産党までトップで戦っていることが多く、連携《れんけい》せずに個人戦をやることが多いので、あまり役に立たないんですね。先輩《せんぱい》・後輩でも、同僚《どうりょう》でも、大して役に立たずにライバルになることのほうが多いので、あまり組織力を発揮しないんです。

しかし、慶應の場合、そのへんに、少し違《ちが》うところがあるのかなという感じを受けました。

早稲田《わせだ》の卒業生には、そういう感じを受けたことが一度もないんですよ。何が違うのかは分からないのですが。

大川直樹　早稲田大学の創設者、大隈重信《おおくましげのぶ》の「在野《ざいや》精神」が関係しているのでしょうか。

大川隆法　あるいは、プライドにちょっと差があるのかもしれません。早稲田の卒業生がプライドの部分を抑《おさ》えている場合、本当にそう思っているところがあるんですが、慶應の卒業生がプライドを抑えている場合は、本当はそうではないことが多いんですよ。本当は、ものすごく〝鼻が尖《とが》って〟いるのに「抑えて見せている」わけです。

そのため、立場が上がれば、コロッと変わって威圧《いあつ》的にものを言うことができる人もいましたね。もちろん、全員がそうではないのですが、そういう人もいました。

おそらく、いいところのエリートで上がっていくような感じの人も、一部、何割かいるでしょうから、そうなるのかもしれません。

大川直樹　ああ、そうですね。

慶應《けいおう》の卒業生の一部の人は〝貴族イメージ〟を持っている⁉

大川隆法　そのように、慶應《けいおう》の卒業生には、「期待していたのに、思ったほど行かない」という人が、何人かいたのです。それは会社時代にもあったし、幸福の科学でもありました。この不思議さは何とも言えません。

ちなみに、「大学から慶應に行った人」の場合には、そうしたことを教えてもらっていない可能性があるので、「〝もっと下〟から慶應に行っていた人」が、どうも〝臭《くさ》い〟のです。

大川直樹　（笑）

大川隆法　〝臭い〟のは、そちらなんですよ。下から〝エスカレーター〟で上がってきた慶應の卒業生の場合、どうも特別に、そうした〝秘伝《ひでん》〟を教わっている可能性があるような気がしますね。

大川直樹　やはり、家柄《いえがら》がよく親子代々で同じ母校という方などもいらっしゃるので、そういった〝人との付き合い方〟などを……。

大川隆法　そう、そう、そう。知っているんです。よく知っているんですよ。「実際の学校の点数などよりも、〝人脈を持っている〟ことのほうが、どれほど役に立つか」ということを、十分に教わっているのではないでしょうか。

もし慶應を敵に回すようであれば、撤回《てっかい》しなければいけないのですが、慶應の卒業生の一部の人にそういうことを感じました。「この人は偉《えら》くなるかな」と思っていたのに、残念ながら、そうならなかった人もいたし、会社時代にも、そういう人はいました。

ただ、全員がそうではありません。

大川直樹　はい。

大川隆法　やはり、気の合う人もいたので、全員ではないのですが、そのようなところがあった人もいました。おそらく、そういった人は〝貴族〟なんでしょうね。

大川直樹　（笑）

大川隆法　〝貴族イメージ〟を持ってはいるのだけれども、若手のときには、いちおう、それを隠《かく》しているのではないでしょうか。そういう感じはありますね。

ちなみに、東大だって、〝サラブレッド〟ばかりではないんですよ。もちろん、いいところの子も、田舎《いなか》の百姓《ひゃくしょう》の子も来ているわけで、いろいろな人が雑多に混ざっていますからね。

また、（大川）咲也加《さやか》も言っていましたが、お茶の水女子大に行った人は、みな才媛《さいえん》で都会派かというと、そんなことはないそうです。七割は田舎者で、「お茶大から渋谷《しぶや》へは、どうすれば行けるの？」と言っているような人や、どこに買い物に行ったらいいのか分からない人がたくさんいるらしいんですね。おそらく、そうしたタイプの大学もあれば、そうでない大学もあるということでしょう。

慶應が悪く聞こえたら卒業生に申し訳ないのですが、必ずしも全員がそうではありません。ただ、一部には、そういう〝癖《くせ》〟を持っている人もいたようには見えますね。

「学閥《がくばつ》」の仲間意識をどう見るべきか

大川隆法　アメリカなども私学が優位なのですが、結局、ハーバードであっても、どこであっても、OBなどの先輩が推薦《すいせん》しないと、学力だけでは入れないんですよ。そういう意味では、慶應もそのまねをしているのかなと思ったりもするのですが、このあたりは、日本にまだ十分には根づいていないところなのかもしれません。あるいは、慶應というのは、「学閥《がくばつ》の結びつき」としては、最大に強いところなのかもしれないですね。

大川直樹　そうかもしれないですね。

大川隆法　確かに、慶應では、「先生は福沢諭吉ただ一人で、あとは先生ではない」ということなので、変わってはいますよね。

ただ、彼らのなかには、「距離《きょり》を取って礼儀正しいところ」と、「認められて上に上がったと思ったら、パッと変わって〝ズボッとなかに入っていく〟ようなところ」とを持っているところが一部あるような感じがしたんですね。

やはり、閥で護《まも》られないと行けないところがあるのでしょうか。

大川直樹 （笑）裏表があるのは、どうなのでしょう。それは、強みにもなるのでしょうか。

大川隆法 まあ、人間、そうなるんでしょうかね。「仲間かどうか」という判定をするのかもしれません。

「仲間だ」と思ったら〝秘密結社〟風の付き合いをして、「仲間ではない。〝外様《とざま》〟だ」と思ったら、情報を入れないようなところがあるのかもしれないですね。

だから、福沢諭吉の自伝に書いてあることと現実とが、だいぶ違うように見えるところもあるんですよ。彼は、「門閥制度は親の敵《かたき》で御座《ござ》る」と書いているわけです。ところが、慶應の卒業生には、先ほど言ったようなところもある気がするので、もし該当《がいとう》する人がいたら、少しは気をつけてもらいたいなと思いますね。

大川直樹　そうですね。

大川隆法　ちなみに、商社時代に、慶應の卒業生で私が気の合った先輩は、例えば、自分の後輩を引っ張る場合、「どちらも仕事の実力が同じであれば、大学のゼミや学部の後輩などを引っ張るのは許されると思う。だけど、明らかに実力に違いがあるのに、自分の後輩を引っ張る感じであれば、それはおかしいのではないか」というようなことを言っていました。

だから、慶應の卒業生の全員が同じというわけではないでしょう。ただ、その先輩も、おそらく、大学から慶應に入った人だっただろうとは思います。

このあたりについては、いろいろなところに、いろいろな〝秘密結社〟があるので何とも言えませんね。

全員に考え方を伝え、結果については公平に処遇《しょぐう》する

大川隆法　では、幸福の科学ではどうかというと、やはり、「私がその人を知っているかどうか」で差がつくことはあるし、基本的に、性別や年齢《ねんれい》、学歴も参考にはします。

ただ、最後まで、それで見るつもりはまったくありません。例えば、高校卒業で入っても、専務ぐらいをやっている人もいれば、専門職で採っても、意外にいろいろな仕事ができるので、上に上がった人もいます。あるいは、若い女性で偉くなった人もいるし、逆に、「男性のほうが出世が遅《おそ》い」と怒《おこ》られて文句《もんく》を言われることもあったりします。女性特有の仕事ができる場所もあるため、そういうこともあるわけで、いろいろなのです。

また、「できるだけ公平無私でありたい」とは思うものの、どうしても差はできるでしょう。ただ、そういった差を、ある程度、自動的に調整できる組織をつくるように、心掛《こころが》けなければいけないのではないかと思っています。

大川直樹　はい。私も、現在は総裁先生の近くでお仕事をさせていただいていますが、総裁先生が本当に正直に包み隠さず、すべてを伝えてくださっているのは感じています。一見、世間《せけん》的には不利に見える部分もあるかもしれませんが、やはり、「正直」であること、「誠実」であることは大切なことだと思っています。

大川隆法　私のほうとしては、「バーッと種をまいて、その種が、よく耕された畑の畝《うね》の上に落ちたか、道路に落ちたか、石の上に落ちたか、それは結果を見なければ分からないけれども、いちおう、種は平等にまいている」という感じでしょうか。要するに、同じようなことをみんなに話しているのですが、それを聴《き》いてどうなるかは、人によって差が出てくるのです。そういう意味では、「どのように違いが出るか」を見ているところはありますね。

本当に言いたいことは、説法《せっぽう》のかたちで、ほとんどの人に同時に同じ内容として話しており、「誰《だれ》かを通してのみ伝える」というようなことは、あまりしないようにしています。「考え方」というのは、尾《お》ひれがついたり、曲がったりすることがあるので、できるだけ、みんなに聴いてもらうようにしているんですよ。

場合によっては、「信者さんから上のほうの職員まで、同じ情報を得ている」ということもあるでしょう。したがって、「（その情報に対する）解釈《かいしゃく》のレベルに差がなければ、指導はできない」という厳しさはあるかもしれませんね。

大川直樹　はい。ありがとうございました。

あとがき

本対談では、人を教育する立場になるということに関して、総裁先生の真剣勝負の覚悟や努力の姿勢、多くの方々を幸福に導きたいという愛の心を、脱線講義とご謙遜《けんそん》されるお言葉の一つ一つから痛烈に感じさせていただいたことが、とても印象的でした。

そして、「教育をされる側」にとって、「教える側」に立ってくださっている方が、胸を張って見習うことができるような素晴らしい存在であること自体が、幸福なことであるのだと改めて感じさせていただきました。私自身も、教え導かれている恩に報《むく》いるべく、奮励《ふんれい》努力しなければならないと決意を新たにしております。

教育者は、総じて「他人の人生に大きな影響を与える存在」であると思います。他人の人生に大きな影響を与える存在であるからこそ、「自分に厳しく、他人に優しい存在」とならなければ教育者とは言えないのかもしれません。

皆様のなかには、「自主独立」や「反面教師」という経験をもとに努力されて、成功を摑《つか》んだ方もいらっしゃると思いますが、そのような方であっても、さまざまな方の影響を受け、さまざまな方に支えられて生きてきた時期があったのではないでしょうか。

私は、誰もが誰かの影響を受け、互いに助け合い・励まし合って生きているのだと感じた瞬間に、人間はなんて素晴らしい存在なのだろうと、不思議な喜びの気持ちが湧《わ》き出てくることがあります。

私たちが「教えられる側」から「教える側」となり、誰かに良い影響を与えられるような存在となるということは、本来、堅苦しいことでも、自由が減ることでもなく、自分の成長の喜びを感じ、他の人に良い影響を与えられた幸せを知ることにつながるのだと思います。

遅かれ早かれ、ある意味、人間には、「教える側」である「教育者」とならなければならない時期がくるように感じます。本書が、そんなすべての皆様のお力になることを信じております。

最後になりましたが、このような貴重な対談の機会を賜《たまわ》ったことを、私たちを常に教え導いてくださっている大川隆法総裁先生に、感謝申し上げます。

二〇一八年　二月二十日

幸福《こうふく》の科学常務理事兼宗務本部第二秘書局担当《かがくじょうむりじけんしゅうむほんぶだいにひしょきょくたんとう》　大川直樹《おおかわなおき》

『教育者の条件』 大川隆法著作関連書籍

『教育の法』（幸福の科学出版刊）
『人を愛し、人を生かし、人を許せ。』（同右）
『凡事徹底と静寂の時間』（同右）
『青春の原点』（同右）
『新時代の道徳を考える』（同右）
『福沢諭吉霊言による「新・学問のすすめ」』（同右）
『自制心』（大川隆法・大川直樹 共著 同右）

教育者《きょういくしゃ》の条件《じょうけん》 ──人を育てる７つのポイント──

2018年３月６日　初版第１刷

著　者　　大　川　隆　法

大　川　直　樹

発行所　　幸福の科学出版株式会社

〒107-0052 東京都港区赤坂２丁目10番14号
TEL(03)5573-7700
http://www.irhpress.co.jp/

印刷・製本　株式会社 堀内印刷所

落丁・乱丁本はおとりかえいたします

ISBN978-4-86395-988-0 C0037

大川隆法ベストセラーズ・理想の教育を目指して

教育の法
信仰と実学の間で

深刻ないじめ問題の実態と解決法や、尊敬される教師の条件、親が信頼できる学校のあり方など、教育を再生させる方法が示される。

1,800円

教育の使命
世界をリードする人材の輩出を

わかりやすい切り口で、幸福の科学の教育思想が語られた一書。いじめ問題や、教育荒廃に対する最終的な答えが、ここにある。

1,800円

心を育てる「徳」の教育

受験秀才の意外な弱点を分かりやすく解説。チャレンジ精神、自制心、創造性など、わが子に本当の幸福と成功をもたらす「徳」の育て方が明らかに。

1,500円

※表示価格は本体価格(税別)です。

大川隆法ベストセラーズ・仕事ができる人を目指して

光り輝く人となるためには

クリエイティブでプロダクティブな人材を目指して

真の学問には「真」「善」「美」がなくてはならない――。創造性・生産性の高い人材を養成するHSUの圧倒的な教育力とは？ 未来文明の源流がここに。

【HSU出版会刊】

1,500円

仕事ができるとはどういうことなのか

無駄仕事をやめ、「目に見える成果」を出す。一人ひとりが「経営者の目」を持つ秘訣や「嫌われる勇気」の意外な落とし穴など、発展する智慧が満載！

1,500円

プロフェッショナルとしての国際ビジネスマンの条件

実用英語だけでは、国際社会で通用しない！ 語学力と教養を兼ね備えた真の国際人をめざし、日本人が世界で活躍するための心構えを語る。

1,500円

※表示価格は本体価格（税別）です。

大川隆法ベストセラーズ・人の上に立つ者の心構え

帝王学の築き方

危機の時代を生きるリーダーの心がけ

追い風でも、逆風でも前に進むことがリーダーの条件である——。帝王学をマスターするための智慧が満載された、『現代の帝王学序説』の続編。

2,000円

凡事徹底と静寂の時間

現代における"禅的生活"のすすめ

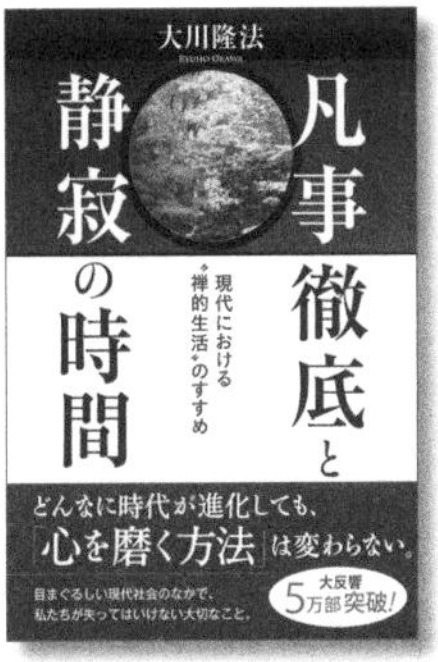

忙しい現代社会のなかで"本来の自己"を置き忘れていないか？「仕事能力」と「精神性」を共に高める"知的生活のエッセンス"がこの一冊に。

1,500円

経営と人望力

成功しつづける経営者の資質とは何か

豪華装丁 函入り

年代別の起業成功法、黒字体質をつくるマインドと徳、リーダーの条件としての「人望力」など、実務と精神論の両面から「経営の王道」を伝授。

10,000円

最新刊

病《やまい》を乗り切るミラクルパワー

常識を超えた「信仰心で治る力」

大川隆法　著

糖質制限、菜食主義、水分摂取——、その"常識" に注意。病気の霊的原因と対処法など、超・常識の健康法を公開!認知症、統合失調症等のＱＡも所収。

1,500円

公開霊言
ギリシャ・エジプトの古代神
オフェアリス神の教えとは何か

大川隆法　著

全智全能の神・オフェアリス神の姿がついに明らかに。復活神話の真相や信仰と魔法の関係など、現代人が失った神秘の力を呼び覚ます奇跡のメッセージ。

1,400円

大川咲也加の文学のすすめ
～世界文学編～（下）

大川咲也加　著

「歴史の真実」を伝える文学の力とは。シェークスピア、マーガレット・ミッチェル、ドストエフスキーの９作品を紹介。各霊人の未公開新霊言も収録!

1,400円

幸福の科学出版

大川隆法「法シリーズ」・**最新刊**

信仰の法

法シリーズ 第24作

地球神エル・カンターレとは

さまざまな民族や宗教の違いを超えて、
地球をひとつに――。
文明の重大な岐路に立つ人類へ、
「地球神」からのメッセージ。

2,000円

第１章　信じる力　――人生と世界の新しい現実を創り出す
第２章　愛から始まる　――「人生の問題集」を解き、「人生学のプロ」になる
第３章　未来への扉　――人生三万日を世界のために使って生きる
第４章　「日本発世界宗教」が地球を救う　――この星から紛争をなくすための国造りを
第５章　地球神への信仰とは何か――新しい地球創世記の時代を生きる
第６章　人類の選択　――地球神の下に自由と民主主義を掲げよ

幸福の科学出版　※表示価格は本体価格（税別）です。

さらば
青春、
されど
青春。
せつなくて、神秘的で、
胸があつくなる――
誰も描けなかった
青春と恋のストーリー。
あなたを信じて、
ほんとうによかった。
製作総指揮・原案／大川隆法
大川宏洋　千眼美子
石橋保　芦川よしみ　山田明郷　日向丈　野久保直樹
長谷川奈央　梅崎快人　伊良子未來　希島凛　ビートきよし　大浦龍宇一　高杉亘　木下ほうか
監督／赤羽博　音楽／水澤有一　製作／幸福の科学出版　製作協力／ニュースター・プロダクション　アリ・プロダクション
制作プロダクション／ジャンゴフィルム　配給／日活　配給協力／東京テアトル　©2018 IRH Press

幸福の科学グループのご案内

宗教、教育、政治、出版などの活動を通じて、地球的ユートピアの実現を目指しています。

幸福の科学

一九八六年に立宗。信仰の対象は、地球系霊団の最高大霊、主エル・カンターレ。世界百カ国以上の国々に信者を持ち、全人類救済という尊い使命のもと、信者は、「愛」と「悟り」と「ユートピア建設」の教えの実践、伝道に励んでいます。

（二〇一八年三月現在）

愛

幸福の科学の「愛」とは、与える愛です。これは、仏教の慈悲《じひ》や布施《ふせ》の精神と同じことです。信者は、仏法真理をお伝えすることを通して、多くの方に幸福な人生を送っていただくための活動に励んでいます。

悟り

「悟り」とは、自らが仏の子であることを知るということです。教学《きょうがく》や精神統一によって心を磨き、智《ち》慧《え》を得て悩みを解決すると共に、天使・菩《ぼ》薩《さつ》の境地を目指し、より多くの人を救える力を身につけていきます。

ユートピア建設

私たち人間は、地上に理想世界を建設するという尊い使命を持って生まれてきています。社会の悪を押しとどめ、善を推し進めるために、信者はさまざまな活動に積極的に参加しています。

国内外の世界で貧困や災害、心の病で苦しんでいる人々に対しては、現地メンバーや支援団体と連携して、物心両面にわたり、あらゆる手段で手を差し伸べています。

年間約３万人の自殺者を減らすため、全国各地で街頭キャンペーンを展開しています。

公式サイト **www.withyou-hs.net**

ヘレン・ケラーを理想として活動する、ハンディキャップを持つ方とボランティアの会です。視聴覚障害者、肢体不自由な方々に仏法真理を学んでいただくための、さまざまなサポートをしています。

公式サイト **www.helen-hs.net**

入会のご案内

幸福の科学では、大川隆法総裁が説く仏法真理《ぶっぽうしんり》をもとに、「どうすれば幸福になれるのか、また、他の人を幸福にできるのか」を学び、実践しています。

入会

仏法真理を学んでみたい方へ

大川隆法総裁の教えを信じ、学ぼうとする方なら、どなたでも入会できます。入会された方には、『入会版「正心法語」』が授与されます。

ネット入会 入会ご希望の方はネットからも入会できます。
happy-science.jp/joinus

三帰《さんき》誓願《せいがん》

信仰をさらに深めたい方へ

仏弟子としてさらに信仰を深めたい方は、仏《ぶっ》・法《ぽう》・僧《そう》の三宝《さんぼう》への帰依を誓う「三帰誓願式」を受けることができます。三帰誓願者には、『仏説・正心法語《しょうしんほうご》』『祈願文《きがんもん》①』『祈願文②』『エル・カンターレへの祈り』が授与されます。

幸福の科学 サービスセンター
TEL 03-5793-1727
受付時間／
火～金：10～20時
土・日祝：10～18時

幸福の科学 公式サイト
happy-science.jp

教育

ハッピー・サイエンス・ユニバーシティ
Happy Science University

ハッピー・サイエンス・ユニバーシティとは

ハッピー・サイエンス・ユニバーシティ（HSU）は、大川隆法総裁が設立された「現代の松下村塾」であり、「日本発の本格私学」です。建学の精神として「幸福の探究と新文明の創造」を掲げ、チャレンジ精神にあふれ、新時代を切り拓く人材の輩出を目指します。

学部のご案内

人間幸福学部

人間学を学び、新時代を切り拓くリーダーとなる

経営成功学部

企業や国家の繁栄を実現する、起業家精神あふれる人材となる

未来産業学部

新文明の源流を創造するチャレンジャーとなる

HSU長生キャンパス
〒299-4325
千葉県長生郡長生村一松丙 4427-1
TEL 0475-32-7770

未来創造学部

時代を変え、未来を創る主役となる

政治家やジャーナリスト、ライター、俳優・タレントなどのスター、映画監督・脚本家などのクリエーター人材を育てます。4年制と短期特進課程があります。

・4年制
1年次は長生キャンパスで授業を行い、2年次以降は東京キャンパスで授業を行います。

・短期特進課程（2年制）
1年次・2年次ともに東京キャンパスで授業を行います。

HSU未来創造・東京キャンパス
〒136-0076
東京都江東区南砂2-6-5
TEL 03-3699-7707

学校法人
幸福の科学学園

学校法人 幸福の科学学園は、幸福の科学の教育理念のもとにつくられた教育機関です。人間にとって最も大切な宗教教育の導入を通じて精神性を高めながら、ユートピア建設に貢献する人材輩出を目指しています。

幸福の科学学園

中学校・高等学校（那須本校）
2010年4月開校・栃木県那須郡（男女共学・全寮制）
TEL **0287-75-7777**
公式サイト **happy-science.ac.jp**

関西中学校・高等学校（関西校）
2013年4月開校・滋賀県大津市（男女共学・寮及び通学）
TEL **077-573-7774**
公式サイト **kansai.happy-science.ac.jp**

仏法真理塾「サクセスNo.1」 TEL **03-5750-0747**（東京本校）
小・中・高校生が、信仰教育を基礎にしながら、「勉強も『心の修行』」と考えて学んでいます。

不登校児支援スクール「ネバー・マインド」 TEL **03-5750-1741**
心の面からのアプローチを重視して、不登校の子供たちを支援しています。
また、障害児支援の**「ユー・アー・エンゼル！」運動**も行っています。

エンゼルプランV TEL **03-5750-0757**
幼少時からの心の教育を大切にして、信仰をベースにした幼児教育を行っています。

シニア・プラン21 TEL **03-6384-0778**
希望に満ちた生涯現役人生のために、年齢を問わず、多くの方が学んでいます。

NPO
活動支援

学校からのいじめ追放を目指し、さまざまな社会提言をしています。また、各地でのシンポジウムや学校への啓発ポスター掲示等に取り組む一般財団法人「いじめから子供を守ろうネットワーク」を支援しています。

公式サイト **mamoro.org**
相談窓口 **TEL.03-5719-2170**
ブログ **blog.mamoro.org**

政治

幸福実現党

内憂外患《ないゆうがいかん》の国難に立ち向かうべく、2009年5月に幸福実現党を立党しました。創立者である大川隆法党総裁の精神的指導のもと、宗教だけでは解決できない問題に取り組み、幸福を具体化するための力になっています。

幸福実現党 釈量子サイト
shaku-ryoko.net

Twitter
釈量子@shakuryoko
で検索

党の機関紙
「幸福実現NEWS」

幸福実現党　党員募集中

あなたも幸福を実現する政治に参画しませんか。

○ 幸福実現党の理念と綱領、政策に賛同する18歳以上の方なら、どなたでも参加いただけます。
○ 党費：正党員（年額5千円［学生 年額2千円］）、特別党員（年額10万円以上）、家族党員（年額2千円）
○ 党員資格は党費を入金された日から1年間です。
○ 正党員、特別党員の皆様には機関紙「幸福実現NEWS（党員版）」が送付されます。

＊申込書は、下記、幸福実現党公式サイトでダウンロードできます。
住所：〒107-0052　東京都港区赤坂2-10-8 6階 幸福実現党本部
TEL **03-6441-0754**　FAX **03-6441-0764**
公式サイト **hr-party.jp**　若者向け政治サイト **truthyouth.jp**

幸福の科学出版

出版メディア事業

大川隆法総裁の仏法真理の書を中心に、ビジネス、自己啓発、小説など、さまざまなジャンルの書籍・雑誌を出版しています。他にも、映画事業、文学・学術発展のための振興事業、テレビ・ラジオ番組の提供など、幸福の科学文化を広げる事業を行っています。

アー・ユー・ハッピー？
are-you-happy.com

ザ・リバティ
the-liberty.com

幸福の科学出版
TEL **03-5573-7700**
公式サイト **irhpress.co.jp**

THE FACT

ザ・ファクト
マスコミが報道しない「事実」を世界に伝えるネット・オピニオン番組

Youtubeにて随時好評配信中！

ザ・ファクト 検索

芸能文化事業

NEW STAR PRODUCTION

ニュースター・プロダクション

「新時代の“美しさ”」を創造する芸能プロダクションです。2016年3月に映画「天使に“アイム・ファイン”」を、2017年5月には映画「君のまなざし」を公開しています。

公式サイト **newstarpro.co.jp**

ARI Production

ARI《アリ》 Production《プロダクション》

タレント一人ひとりの個性や魅力を引き出し、「新時代を創造するエンターテインメント」をコンセプトに、世の中に精神的価値のある作品を提供していく芸能プロダクションです。

公式サイト **aripro.co.jp**

大川隆法　講演会のご案内

大川隆法総裁の講演会が全国各地で開催されています。
講演のなかでは、毎回、「世界教師」としての立場から、幸福な人生を生きるための心の教えをはじめ、世界各地で起きている宗教対立、紛争、国際政治や経済といった時事問題に対する指針など、日本と世界がさらなる繁栄の未来を実現するための道筋が示されています。

2017年8月2日 東京ドーム「人類の選択」

2017年5月14日 ロームシアター京都
「永遠なるものを求めて」

2017年4月23日 高知県立県民体育館
「人生を深く生きる」

2018年2月3日 都城市総合文化ホール(宮崎県)
「情熱の高め方」

2017年12月7日 幕張メッセ(千葉県)「愛を広げる力」

講演会には、どなたでもご参加いただけます。
最新の講演会の開催情報はこちらへ。⟹

大川隆法総裁公式サイト
https://ryuho-okawa.org